Folco Terzani

Der Hund, der Wolf und das Geheimnis

Folco Terzani

Der Hund, der Wolf und das Geheimnis

Illustrationen von
Nicola Magrin

Aus dem Italienischen
von Elisabeth Liebl

Diederichs

Deutsche Erstausgabe
Die Originalausgabe erschien unter dem Titel
Il Cane, il Lupo e Dio
bei Longanesi & c., Mailand

Verlagsgruppe Random House FSC® N001967

Copyright © 2019 Diederichs Verlag Verlag, München,
in der Verlagsgruppe Random House GmbH,
Neumarkter Str. 28, 81673 München
Umschlag: Weiss Werkstatt, München
Umschlagillustration: Nicola Magrin
Innenillustrationen: Nicola Magrin
Übersetzung: aus dem Italienischen von Elisabeth Liebl
Satz: Satzwerk Huber, Germering
Druck und Bindung: Print Consult GmbH, München
Printed in Czech Republic
ISBN 978-3-424-35093-7
www.diederichs-verlag.de

 Dieses Buch ist auch als E-Book erhältlich.

ERSTER TEIL: Der Hund

ZWEITER TEIL: Der Wolf

DRITTER TEIL: Das Geheimnis

*Für meinen lieben,
verlorenen Freund Kapil,
den großen König*

ERSTER TEIL
DER HUND

VERLASSEN

Verloren hockt ein Hund am Straßenrand. Er ist ausgesetzt worden. Das hübsche glitzernde Halsband, das er mit so viel Stolz getragen hatte, seit er ein Welpe war, hatte sein Herrchen ihm zuvor noch abgenommen. Dann schob er ihn aus dem Auto und fuhr schnell davon. Der Hund blieb, wo er war. Der Arme verstand nicht so recht, was ihm da passierte, und so blieb er einfach unter der Straßenlaterne sitzen.

»Wenn mein Herr mich hiergelassen hat«, dachte er, »dann kommt er mich bestimmt bald wieder holen.«

Eine Stunde verging, es vergingen zwei Stunden … und schließlich waren es schon sechs, ohne dass das Herrchen wiederauftauchte. Die Straßenlaterne ging an und surrte leise. Ein Tupfen gelblichen Lichts, hinter dem die Dunkelheit lauerte. Aufmerksam musterte der Hund jedes Auto, das vorüberfuhr, und suchte nach dem vertrauten Gesicht. Sobald irgendwo ein Geräusch ertönte, spitzte er die Ohren. Hoffentlich hörte er endlich die bekannte Stimme nach ihm rufen. Doch außer dem Tuckern der Motoren und den kalten, blinden Augen der Scheinwerfer war da nichts. Keiner hielt seinetwegen an, so als wäre er unsichtbar.

Drei Tage und drei Nächte saß der Hund dort und wartete, ohne zu fressen, zu trinken oder zu schlafen. Am Ende war er so kraftlos, dass er nur noch müde Kopf und Ohren hängen ließ. Sein Blick wurde trübe, und er fing an zu winseln. Anfangs war es nur ein zaghaftes Jammern, aber je mehr er sich seines Unglücks bewusst wurde, desto verzweifelter wurde sein Klagen. Das Leben war ein Meer der Gram. Vermutlich wäre er unter dieser Straßenlaterne sitzen geblieben und hätte bis zur völligen Erschöpfung getrauert, ja bis zum Tod, hätte er nicht im Morgengrauen plötzlich eine Stimme vernommen.

»Warum weinst du?«

Im ersten Moment reagierte der Hund einfach nur überrascht. Die Stimme erklang direkt neben ihm. Dabei hatte er keine Schritte gehört. Und es war auch schon länger kein Auto mehr vorbeigekommen. Er hob nicht einmal den Kopf. Wahrscheinlich hatte er sich das nur eingebildet.

»Warum weinst du?«

Die Stimme war tief und volltönend mit eindeutig fremdem Akzent. Wer konnte das hier auf dieser Straße mitten im Nirgendwo sein? Jedenfalls war es nicht sein Herrchen. Der Hund fing erneut zu winseln an.

»Warum weinst du?«, wiederholte die Stimme dieses Mal drängender. Sie forderte eine Antwort.

»Warum?«, platzte der Hund heraus. »Weil ich alles verloren habe, was mir gehörte.«

Er hob den Blick und bemerkte einen merkwürdig aussehenden Hund. Ein solches Exemplar hatte er noch nie gesehen. Dieser Hund hatte große Pfoten, die er fest in die

Erde stemmte. Sein Körper war schlank, aber kräftig gebaut. Und in seinem breiten Gesicht leuchteten zwei goldgelbe Augen, die dem Hund direkt in die Seele zu gucken schienen.

Ein wenig eingeschüchtert versuchte der Hund, seine traurige Lage zu schildern.

»Ich hatte einen Herrn«, erzählte er immer noch winselnd. »Bei ihm habe ich gelebt, seit ich auf der Welt bin. Ich habe ihn mehr geliebt als einen Vater. Jeden Morgen, wenn mein Herr aufstand, folgte ich ihm in die Küche, wo er meine beiden Schüsseln auffüllte. In die eine kam das Wasser, in die andere mein Futter. Nachts, wenn er schlafen ging, streckte ich mich am Fußende des weichen Bettes aus und wachte über ihn. Und nun ist mein Herr fort. Wo sind jetzt mein Haus und mein Bett? Wo sind meine Schüsseln? Selbst mein Halsband mit meinem Namen und meiner Adresse wurde mir genommen. Es war mein kostbarster Besitz. Jetzt weiß niemand mehr, wie ich heiße oder woher ich komme. Niemand kann mir helfen und mich nach Hause zurückbringen. Ich bin allein an einem Ort, den ich noch nie gesehen habe, und mir gehört überhaupt nichts mehr. Gar nichts! Und du fragst mich, warum ich weine?«

Der andere warf ihm einen hoheitsvollen Blick zu und schwieg.

»Was soll nun aus mir werden?«, fuhr der Hund deprimiert fort. »Ich habe nicht mehr die Kraft, mich auf den Pfoten zu halten. Wo soll ich mich denn jetzt ausruhen? Wer wird mir zu fressen und zu trinken geben? Oh weh, bestimmt muss ich jetzt sterben!«

Die Lefzen seines Gegenübers verzogen sich zu einem sanften Lächeln.

»Und das ist dein ganzes Problem? Weißt du denn nicht, dass auf dieser Welt unzählige große und kleine Geschöpfe leben, im Wasser, in der Luft und auf der Erde, die jeden Morgen aufwachen und nichts haben? Genau wie du. Schnecken und Schmetterlinge, Ameisen und Bären, Fische, Falken und Schlangen. Aber wenn der Tag sich dem Abend zuneigt, haben alle etwas zu fressen und zu trinken gefunden. Und wenn sie dann die Müdigkeit übermannt, finden sie ein Plätzchen zum Schlafen. Wie glaubst du, machen die das?«

Einen Augenblick lang war der Hund sprachlos. Ihm fiel nicht einmal auf, dass er aufgehört hatte zu weinen.

»Wer glaubst du, ist ihr Herr?«, fragte der seltsame Hund weiter. »Wer kümmert sich denn um sie?«

»Keine Ahnung!«, schnaubte der Hund. Am liebsten hätte er noch hinzugefügt: »Und im Augenblick interessiert mich das auch herzlich wenig.« Tatsächlich hatte er sich über die anderen Geschöpfe nie Gedanken gemacht. Auch jetzt sorgte er sich nur um sich selbst. Schließlich ging es ihm furchtbar elend.

»Ja, wer denn?« Diese ernsthaften, goldgelb schimmernden Augen schienen bis auf den tiefsten Grund seiner Seele vorzudringen.

»Sag du's mir«, meinte der Hund, »wenn du es weißt!«

Der andere hob die Augen zum Himmel und ließ einen merkwürdigen Laut ertönen, der irgendwo zwischen Seufzen und Niesen lag.

»Also wer?«, fragte der Hund, der jetzt noch verwirrter als zuvor war.

»Das kann man so nicht sagen. Es ist der Unaussprechliche Name. Das, was sofort zur Lüge verkommt, wenn es in den Mund genommen wird.«

»Pfff«, entgegnete der Hund. Langsam wurde er ungeduldig. »Schau dich doch nur einmal um! Wie viel Traurigkeit und Chaos herrschen in dieser Welt! Ich glaube nicht, dass es jemanden gibt, der sich um alle Geschöpfe kümmert. Jedenfalls habe ich ein derartiges Wesen weder gesehen noch seine Stimme gehört. Und wenn man nach dem Gestank geht, der überall herrscht, dann ist dieses Wesen längst tot und verfault, falls es überhaupt jemals existiert hat.«

»Ahhh«, meinte der andere, als hätte er den Hund endlich verstanden. »Dein Unglück ist nicht, dass du dein Hab und Gut verloren hast. Du hast das Vertrauen verloren.«

Dann drehte er sich um und holte mit seinen spitzen Fangzähnen ein blutiges Stück Fleisch wie aus dem Nichts hervor.

»Da, iss dich erst einmal satt«, sagte er und legte es dem Hund hin. »Damit du wieder zu Kräften kommst. Danach wirst du auf Pilgerfahrt zum Mondberg gehen. Dort kannst du herausfinden, ob es dieses Wesen gibt oder nicht.«

DAS VERSPRECHEN

»Der Mondberg?«, überlegte der Hund laut. »Was soll das denn sein?«

Von der Gabe des anderen ging ein so durchdringender Geruch aus, dass der Hund sie lieber erst einmal gründlich beschnupperte. An dem großen Stück frischen Fleisches befand sich noch das Fell. Offensichtlich handelte es sich um die Keule eines Wildtieres – dem noch dranhängenden Huf nach zu urteilen von einem Damhirsch vielleicht. Aber von solchen Dingen verstand er als Stadthund natürlich wenig.

Was ihm hier widerfuhr, war mehr als merkwürdig. Alles hätte er erwartet, nur nicht, dass ein vollkommen Unbekannter ihm ein so großherziges Geschenk machte. Hunde verteidigten selbst einen alten, vertrockneten Knochen mit Knurren und Beißen. Dass ein Hund jedoch einem anderen eine ganze Mahlzeit abtrat, hatte er wirklich noch nie erlebt.

»Was ist das bloß für ein eigenartiger Hund?«, fragte er sich.

Dann dämmerte es ihm auf einmal.

Als er aber den Kopf hob, um dem anderen ins Gesicht zu sehen, war der Wolf schon verschwunden.

Nun musste er selbst entscheiden, ob er das Fleisch fressen wollte oder nicht. Schließlich wusste doch jeder, dass man einem Wolf nicht trauen konnte. Andererseits hatte er seit drei langen Tagen nichts mehr in den Magen bekommen und einen Mordshunger.

»Ich koste einfach mal ein bisschen …«, dachte er.

Kaum hatte er in das zarte Fleisch gebissen, fühlte er sich wie verwandelt. Er spürte eine warme, süße und zugleich salzige Flüssigkeit auf der Zunge. Es schmeckte nach mehr, nach etwas unglaublich Verbotenem. Sein Herr hatte jede Mahlzeit für ihn gekocht oder ihn mit Dosen- und Trockenfutter versorgt. Rohes Fleisch hatte der Hund noch nie gefressen. Die Keule schien ihm das Köstlichste, was er je zwischen die Zähne bekommen hatte.

Schon nach dem ersten Bissen verlor er sich ganz in diesem Geschmack. Er hätte die Keule sicher im Nu verputzt, wenn das Fleisch nicht so sättigend gewesen wäre, sodass er ab diesem Zeitpunkt einfach keinen Happen mehr hinunterbekam.

»Welches Glück ich doch hatte!«, dachte er, als er spürte, wie ihn neue Kraft durchströmte. So etwas passierte einem schließlich nicht jeden Tag. »Jetzt habe ich von der Gabe des Wolfes gut die Hälfte verzehrt. Den Rest bewahre ich besser auf, damit der Vorrat für ein paar Tage reicht. Bis dahin habe ich bestimmt den Weg nach Hause zurückgefunden.«

Doch als er an sein schönes, behagliches Heim dachte, fielen ihm die Worte des Wolfes wieder ein. Immerhin hatte er sein Geschenk angenommen, also sollte er auch tun, was der Wolf ihm geraten hatte.

Leider hatte er nicht die leiseste Ahnung, wo dieser sagenhafte Mondberg liegen sollte.

EIN GEFÄHRTE

Der Hund vergewisserte sich, dass niemand ihn beobachtete, bevor er die Reste der Keule in einem Loch neben der Straßenlaterne verscharrte. Dann ließ er den Zufall entscheiden, welchen Weg er nehmen sollte, und trabte mit neuem Schwung los. Nach einer Weile gelangte er in einen Park. Auf den grünen Wiesen spielten Hunde mit ihren Herrchen das uralte »Hol das Stöckchen«-Spiel. Einmal mehr zog sich das Herz des Hundes zusammen, als er daran dachte, was er verloren hatte. Dann aber nahm er all seinen Mut zusammen und sprach die erste Hündin an, die ihm über den Weg lief.

»Entschuldige, ich bin hier fremd«, sagte er. »Wo liegt denn der Mondberg?«

Sie musterte ihn von den Pfoten bis zu den Ohrenspitzen, als wäre er nicht ganz gescheit. Dann gab sie schleunigst Fersengeld und flüchtete sich zu ihrem Frauchen.

Verwundert blieb der Hund zurück. Was hatte er denn bloß verkehrt gemacht? Früher war er doch auch respektiert worden, jung, schön und gepflegt, wie er war, mit diesem eleganten Halsband. Ah, das Halsband! Er hatte ja keines mehr. Zum ersten Mal fühlte er sich vollkommen nackt. Wie ein König ohne Krone, ein Schwimmer, der plötzlich ohne Badehose dastand. Eine Kleinigkeit, doch damit war alles anders. Sicher hatte die niedliche Hündin ihn für einen Straßenköter gehalten. Und jeder Stadthund weiß schließlich, dass man sich mit Streunern nicht abgibt, weil sie Flöhe, Zecken, die Räude, Tollwut und andere abstoßende Krankheiten haben.

Beschämt versteckte er sich in den Büschen, um zu überlegen, wie es nun weitergehen sollte. »Schöne Bescherung … Jetzt bin ich auch ein Streuner.«

In diesem Augenblick kam ein alter Mastiff vorbei, dem die Fliegen mächtig zusetzten. Er schnappte nach ihnen, erwischte aber nicht eine einzige.

»Weißt du, wo der Mondberg ist?«, fragte der Hund.

Der andere sah ihn aus kurzsichtigen Augen an. »Ich habe keine Ahnung«, antwortete der Mastiff.

»Dabei habe ich gerade einen … etwas merkwürdigen Kerl kennengelernt, der meinte, ich solle mich dorthin begeben«, wagte der Hund einen neuen Versuch.

»Als ganz kleiner Hund habe ich von einem Ort mit diesem Namen gehört. Aber wo der sich befindet, könnte ich dir wirklich nicht sagen. Es hieß, er liege jenseits der Berge im Norden.«

Das hörte sich nach weiter Ferne an, ferner jedenfalls, als der Hund gedacht hatte. Aber dass dieses edelmütige und selbstsichere Geschöpf ihn zum Besten halten und in die Irre schicken wollte, konnte er sich nicht vorstellen.

»Kannst du mir denn sagen, wo Norden ist?«

»Sicher. Warte bis zum Mittag, dann wendest du der Sonne den Rücken zu und läufst deinem Schatten nach. Früher oder später gelangst du so zu den Bergen im Norden.«

Etwas ratlos ging der Hund zu seiner Straßenlaterne zurück. Als er seine Keule wieder ausgegraben hatte, war es gerade Mittag geworden. Er kehrte der Sonne den Rücken zu, guckte, wo sein Schatten war, und folgte ihm.

Mit gesenktem Kopf und der Keule im Maul durchquerte er die ihm unbekannte Stadt und versuchte, möglichst nicht aufzufallen. Er drückte sich eng an die Häuserwände, schlich über Brücken und zwängte sich zwischen den Beinen der Menschen hindurch durch die überfüllten Straßen. Die Leute hatten es eilig, und niemand nahm von ihm Notiz. Er erkannte kein Blumenbeet wieder, entdeckte keine vertraute Straßenecke oder eine aufregend riechende, warme Pfütze. Ihm kam es vor, als zöge er ziellos und verloren durch ein vollkommen fremdes Land. Eine Katze fauchte ihn von der Höhe ihres Fensterplatzes herab an, und fremde Hunde hinter Gartenzäunen bellten ihm die üblichen Gemeinheiten nach: »Hau bloß ab! Hau ab! Das ist mein Haus!«

Mehr als einmal kamen dem Hund Zweifel: »Wenn ich die Keule verzehrt habe, habe ich nichts mehr zu fressen. Was mache ich dann? Sicher wäre es klüger, mit dem bisschen Nahrung den Weg nach Hause zu suchen.« Aber jedes Mal, wenn ihm der Wolf in den Sinn kam, trieb ihn der Blick aus den goldgelben Augen weiter.

Die Stadt war sehr groß, und der Hund brauchte eine Weile, um sie zu durchqueren. Allmählich aber wurden die Abstände zwischen den Häusern größer, und der Blick ging hinaus in die Weite. Das Einzige, was dort draußen noch zu sehen war, war ein riesiger Berg voller Müll und Schrott.

Er hatte den Müllberg eben ausgemacht, als ihm plötzlich ein blonder Golden Retriever entgegensprang und ihn breit anlächelte: »Hallo, mein Freund.«

Es war schon eine Weile her, dass der Hund ein freundliches Wort gehört hatte. Er sehnte sich wirklich nach Gesellschaft.

»Hallo!«, antwortete er. Dann fingen die beiden an zu plaudern.

»Was führt dich denn hierher?«

Der Hund erzählte von seinem Unglück, wobei ihm die Tränen in die Augen traten. Mittlerweile war er davon überzeugt, dass seinem Herrchen etwas zugestoßen sein musste.

»Mach dir nichts vor, mein Lieber«, sagte Golden. »Deinem Herrn geht es blendend. Er hatte dich nur einfach über. Aus diesem Grund hat er dir dein Halsband abgenommen.«

Das Fell des Hundes sträubte sich, aber im Grunde wusste er, dass Golden recht hatte.

»Auch ich bin vor Jahren ausgesetzt worden. Aber das war mein Glück. Schau mich an: Ich bin frei. Ich lebe auf der Müllhalde, und mit dem, was die Menschen hier wegwerfen, geht es mir glänzend. Und du? Wo willst du hin?«

»Ich muss zum Mondberg. Ich dachte, das sei ganz leicht, aber der eine sagt, er läge da, der andere dort, und der Dritte meint, es gäbe ihn überhaupt nicht. Ich habe keine Ahnung mehr, was ich tun soll.«

»Ich weiß, wo er sich befindet. Machen wir uns doch gemeinsam auf den Weg!«

»Ehrlich?« Der Hund war entzückt. »Und es ist nicht allzu weit?«

»Ich kenne eine Abkürzung. Das einzige Problem ist, dass du da eine ganz schöne Last mit dir herumschleppst. Offensichtlich bist du nicht an die Berge gewöhnt. Wenn man bergauf geht, wird die Last immer schwerer. Das schaffst du nie.«

»Was können wir tun?«

»Keine Sorge«, meinte der Retriever und lächelte erneut, wobei er alle Zähne entblößte. »Wir wechseln uns beim Tragen einfach ab. Ich übernehme die erste Runde, dann kannst du dich ein wenig ausruhen.«

Der Hund überließ Golden die Keule, und die beiden zogen los in Richtung Wald. Er war glücklich, endlich einen Reisegefährten getroffen zu haben.

DIE ABKÜRZUNG

Sie gingen die Straße entlang, die sie aus der Stadt hinaus-
führte und stark befahren war. Busse und Lastwagen hup-
ten ärgerlich und bliesen den beiden Wanderern übel riechende Abgase in die Nase. Sie waren deshalb erleichtert,
als sich diese Straße zu einer kleineren verengte, die wiederum zu einem schmaleren Schotterweg wurde, der die
beiden an den Waldrand führte. Von dort wand sich ein
Pfad in die Höhe, der jedoch von einem gewaltigen dichten Spinnennetz verschlossen war.

Offensichtlich war hier schon lange niemand mehr
entlanggekommen.

»Na los! Worauf wartest du denn?«, meinte Golden.
»Das ist die Abkürzung, die wir nehmen.«

Der Hund zögerte eine Weile. Mit seinem Herrchen
war er immer nur um den Häuserblock spaziert. Wenn er
Glück hatte, ging es für ein paar Schritte in den Park. Hier
aber, so schien es, war das städtische Reich endgültig zu
Ende. Es war, als würde man in eine andere Welt eintre-
ten. Doch am Ende gab er sich einen Ruck.

Der Weg stieg steil an. Hier und dort ragten Steine oder
Wurzeln aus dem Boden hervor. Bald verstummte das
Motorengeräusch der Autos. Die Luft flirrte förmlich, und

die unendlichen Abstufungen des Grüns waren Balsam für die Augen.

Der Hund hüpfte fröhlich dahin und dorthin, schnupperte an Gräsern und Blüten und genoss das Zwitschern der Vögel. Ihm kam es vor, als gäbe es hier in der Natur nicht einen einzigen unreinen Ton oder eine falsche Farbe.

»Sag doch, mein Freund, wie ist es auf dem Mondberg?«, fragte er Golden.

Aber als er sich umdrehte, war Golden verschwunden. Seltsam, dass sein kräftiger und starker Gefährte zurückgeblieben war. Der Hund machte kehrt und fand ihn, wie er mit der Hirschkeule zwischen den Pfoten auf der Erde lag und mit den Zähnen ein Stück davon abriss.

»He, was machst du denn da?«

»Nur ein kleiner Imbiss«, meinte Golden mit seinem üblichen breiten Lächeln. »Ich habe heute Morgen kaum gefrühstückt. Wenn ich weiter dein Führer sein soll, müssen wir doch teilen, oder nicht? Ich gebe dir etwas von meinem Wissen, und du gibst mir etwas von deiner Hirschkeule.«

Dem Hund schien das nur gerecht, auch wenn ihm klar war, dass von der kostbaren Gabe jetzt nur noch ein Viertel übrig war.

»Na gut. Aber jetzt komm schon. Wenn wir uns nicht beeilen, erreichen wir den Mondberg nie.«

Der Hund konnte es kaum erwarten, endlich ans Ziel zu gelangen, daher schlug er eine schnellere Gangart an. Aber obwohl er müde und an dieses Terrain nicht gewöhnt war, war es immer Golden, der zurückblieb.

»Nur die Ruhe«, beschwichtigte der ihn dann. »Bis zum Abend haben wir den Mondberg erreicht. Und sobald wir dort eintreffen, sind unsere Sorgen Schnee von gestern. Dort warten auf uns unzählige Köstlichkeiten, ganze Herden junger Hirschkälber, Stachelschweine ohne ihr Stachelkleid und Bäume, an deren Zweigen so viele Früchte wachsen, dass sich die Äste bis zum Boden biegen.«

»Ist das wirklich wahr?«

»Und nicht nur das. Die Steine dort funkeln wie Juwelen, und wenn du sie in den Mund nimmst, schmelzen sie.«

»Wie kann das geschehen?«

»Weil dort oben die Quelle des Lebens liegt. Komm jetzt, du wirst schon sehen!«

Nach einer weiteren Stunde gelangten die beiden an eine Weggabelung. Golden schien sich seiner Sache nicht mehr ganz sicher zu sein, wandte sich dann aber nach rechts. Dummerweise führte der Weg direkt in ein dichtes Brombeergebüsch.

»Ich dachte, du kennst den Weg?«, bemerkte der Hund enttäuscht.

»Siehst du denn nicht, dass das hier eine Sackgasse ist? Wir hätten den anderen Weg nehmen müssen. Und hör auf, dauernd mit dem Schwanz zu wedeln, das bringt mich völlig durcheinander.«

Allmählich beschlichen den Hund Zweifel, ob Golden wirklich auf dem Mondberg gewesen war. Aber wo sie doch schon so weit gekommen waren, war es vermutlich besser, weiterzugehen statt umzukehren.

Bald darauf ertappte er Golden schon wieder, wie er auf der Keule herumkaute. Empört fuhr er ihn an.

»Hey, mein Freund. Vergiss nicht, dass die Keule mir
gehört.«

Golden hörte auf zu kauen.

»Dir?«, fragte er, während er sich eine Fleischfaser, die
ihm zwischen den Zähnen stecken geblieben war, mit der
Zunge wegleckte. »Hast du mir nicht heute Morgen erst
erzählt, dass du auf dieser Welt alles verloren hast? Wie
kann diese Keule also dir gehören? Hast du sie nicht von
einem Wolf bekommen? Wenn überhaupt, dann gehört
sie ihm. Und um der Wahrheit die Ehre zu geben, war sie
auch nicht seine, denn vorher hat sie dem Hirsch gehört,
oder etwa nicht? Also was soll dieses ganze Getue mit
›mein‹ und ›dein‹? Im Grunde gehören die Dinge dem, der
sie gerade in Besitz hat!«

Während er redete, kaute er munter weiter. Am Ende
hatte er auch den letzten Fetzen Fleisch von der Keule gerissen. Als der Hund versuchte, ihm wenigstens den Knochen wegzunehmen, begann Golden, gefährlich zu knurren und seine weißen Zähne zu blecken, diesmal in wenig
freundlicher Absicht.

Der Hund verzichtete deshalb darauf, ihn noch einmal
zurechtzuweisen.

Er drehte sich um und ging weiter den steilen Anstieg
hinauf. Hin und wieder drehte er sich um und rief nach
Golden. Als er keine Antwort bekam, wurde ihm klar,
dass sein Gefährte sich davongemacht hatte.

Der Tag neigte sich noch nicht dem Abend zu, und schon
hatte der Hund das Geschenk des Wolfes vergeudet. Er
war wieder allein, ohne Herrn und ein Zuhause, ohne

einen Freund, ohne etwas zu fressen, ohne alles. Nein, seine Lage war sogar noch schlimmer als zuvor, denn nun war er nicht mehr in seiner Stadt, sondern stand mitten in einem dichten Wald und hatte keine Ahnung, wohin er sich wenden sollte.

Da ertönte aus dem Wipfel eines Baumes ein raues Gelächter. Eine Gruppe kohlrabenschwarzer Vögel verspottete ihn: schwarze Federn, schwarze Schnäbel, schwarze Augen und schwarze Krallen. Das Krächzen der Raben war der einzige Laut, der die harmonische Stille der Natur störte.

DER WASSERFALL

Das größte Problem war im Moment der quälende Durst, den der Hund verspürte. Während des Tages war es allmählich immer heißer geworden. Am Nachmittag hatte sich sogar die Schäfchenwolkenherde aufgelöst, die bis dahin beschaulich am Himmel zu grasen schien. Unbarmherzig brannte die Sonne herab. Nicht ein Lüftchen wollte sich regen, kein Blatt raschelte in der Windstille. Der Hund stieg nun schon seit Stunden bergan. Seine Kehle war ausgetrocknet, die Zunge hing ihm aus dem Maul wie ein toter Fisch.

In seinem ganzen Leben hatte er noch nie solchen Durst gehabt.

»Was für ein blöder Ort. Nirgends gibt es einen Tropfen Wasser!«, schimpfte er.

Wieder dachte er an seinen klugen Herrn. Der hatte, wenn er mit einem Rucksack aus dem Haus ging, immer einen leckeren Imbiss dabei, der in ein sauberes, rot-weiß-kariertes Geschirrtuch eingeschlagen war. Und eine Trinkflasche mit Wasser, das er mit ihm geteilt hatte.

»Ich aber bin nur ein blöder Hund …«

Das ganze Abenteuer kam ihm nun wie eine einzige große Dummheit vor. Er hätte erst gar nicht auf den Wolf hören sollen.

»Da gibt mir dieser Wolf eine Hirschkeule, damit ich zum Mondberg komme. Aber von diesem Mondberg ist weit und breit nichts zu sehen. Und die Keule ist weg. Ich bin ihm also nichts schuldig. Ich bin todmüde. Ich lege mich ein wenig in den Schatten und ruhe mich aus.«

Allmählich beruhigte sich sein Herzschlag, und seine Sorgen legten sich … als plötzlich ein Geräusch an sein Ohr drang. Ein Rauschen. Ob es wohl von einer Schlange stammte? Aber diese Schlange kam weder näher noch entfernte sie sich. Neugierig geworden machte der Hund sich in Richtung des Geräusches auf und warf einen Blick hinter die nächste Wegbiegung. Er konnte sein Glück kaum fassen, denn er stand auf einer kleinen Brücke über einem Wildbach, der sich in eine schmale Klamm ergoss und einen leuchtenden Regenbogen über das schäumende Wasser legte.

Der Hund führte vor Freude ein Tänzchen auf: Es sah aus wie eine Fata Morgana. Nie im Leben hatte er so klares, frisches Wasser gesehen. Sein Duft erfüllte die ganze Klamm. Die von dunkelgrünem Moos bedeckten Steine schienen von Fruchtbarkeit zu künden. Ha, das war schon etwas anderes als das Leitungswasser zu Hause! Hier strömte das Wasser in verschwenderischer Fülle dahin.

»Dies ist ein Strom, der nie zu Ende geht. Dieser Überfluss ist ein echtes Wunder, das die Natur hervorgebracht hat. Es ist genug da, um den Durst aller Geschöpfe zu stillen.«

Der Hund sah eine Weile verzückt zu, bevor er dann die Brücke überquerte, um zum Wildbach hinabzusteigen. Doch hier waren die Wände steil, es gab keinen Abstieg.

Also marschierte er wieder zurück und versuchte es auf der anderen Seite. Doch dort waren die Steine so rutschig, dass er ausglitt und sich am Rücken verletzte.

Es war zum Verrücktwerden! Vor ihm floss das köstlichste Wasser, das zu lachen und zu spielen schien, und er kam nicht heran. Da war nichts zu machen. Er musste es sein lassen und weiter seines Weges ziehen.

FÜR EINE SCHÜSSEL WASSER

Der Hund begriff einfach nicht, was hier eigentlich vor sich ging. Was mit ihm momentan geschah, schien so merkwürdig, dass er sich unwillkürlich fragte, ob es dahinter nicht vielleicht einen Grund gab. Normalerweise machte er sich nicht viele Gedanken. Schließlich hatte früher sein Herr alle Antworten gekannt. Jetzt aber wollten ihm all diese Fragen nicht mehr aus dem Kopf gehen.

Er ließ sich auf einem Felsen nieder, von dem aus er eine schöne Aussicht hatte, und fing an nachzudenken. Als Erstes kamen ihm wieder die goldgelben Augen des Wolfes in den Sinn und seine Worte. Würde er jetzt, wo sein Herr nicht mehr da war, tatsächlich dieses Andere finden, das den Geschöpfen Tag für Tag zu essen und zu trinken gibt?

Darauf hatte er keine Antwort. Er sammelte deshalb seine Kräfte und setzte seinen Weg fort. In der Ferne schien sich der Wald zu lichten. Schließlich führte der Weg den Hund in einen kleinen Weiler mit fünf oder sechs Häusern, die ihm alle verlassen vorkamen wie die umliegenden Felder. Es waren keine Stimmen von Menschen bei der Arbeit zu hören und auch kein Lachen von spielenden Kindern. Ja, die Bäume hatten bereits von den Häu-

sern Besitz ergriffen, durchstießen die Dächer und reckten ihre Äste aus den Fenstern.

»Warum muss ich ausgerechnet auf ein verlassenes Dorf stoßen?«

Verzweifelt fing der Hund an zu bellen: »Wasser! Wasser! Wasser!« Sein Gebell hallte zwischen den baufälligen Häusern wider.

Plötzlich ging direkt über ihm ein Fenster auf. Eine alte Frau mit einem unordentlichen grauen Haarschopf sah heraus.

»Was willst du?«, schrie sie. Man merkte ihr an, dass sie aus dem Schlaf gerissen worden war.

Doch der Hund war so erleichtert, einen Menschen zu sehen, dass er unwillkürlich mit dem Schwanz wedelte und wiederholte: »Wasser, Wasser, gib mir bitte eine Schüssel Wasser!« Er versuchte es mit jedem Trick, den er kannte: Er winselte, warf sich auf den Rücken, winkte mit den Pfoten und sah sie mit großen Augen an. Was hätte er sonst schon tun können? Sein Herrchen hätte ihn sofort verstanden.

Die Alte schlug das Fenster zu.

Dem Hund sank das Herz. Er zog den Schwanz ein und ließ Ohren und Kopf hängen. Dabei bemerkte er, dass seine Pfoten schlammverdreckt waren. Sein Fell war zerzaust, das Blut am Rücken eingetrocknet. In den wenigen Tagen, die er allein verbracht hatte, war er zum heruntergekommenen Streuner geworden, zu einem Bettler. Nun gehörte er zu jenen, die weder Anmut noch Fröhlichkeit verströmten, und für die deshalb niemand ein Auge hat.

Nie hätte er geglaubt, so tief sinken zu können. Er, der einmal ein schöner Hund gewesen war. Wie schnell doch das Schicksal umschlägt!

Gerade wollte er wieder anfangen loszuheulen, als er hörte, wie ein metallenes Vorhängeschloss klirrte. Die Tür des Hauses öffnete sich. Heraus kam die Alte mit einer Schüssel Wasser.

Die Schüssel war aus verrostetem Blech und hatte ein Loch, durch das das Wasser tropfte. Als sie ihm die Schüssel hinstellte, kam es dem Hund jedoch vor, als hätte er nie etwas Köstlicheres zu trinken bekommen. In diesem Augenblick begriff er, dass diese gewöhnliche Flüssigkeit, die er immer für selbstverständlich genommen hatte und die

jetzt, während sie durch seine ausgetrocknete Kehle lief, seinen gefühllos gewordenen Körper wiedererweckte, das Elixier des Lebens war. Sie war der mächtigste Zaubertrank der Welt.

Der Hund warf sich der Alten zu Füßen. Sie war seine Retterin. Einen Augenblick überlegte er, ob er bei ihr bleiben sollte. Er stellte sich vor, wie sie ihn aufnahm. Er würde ihr Gesellschaft leisten, ihren Geschichten zuhören, wenn sie traurig war. Er war nämlich ein großartiger Zuhörer, auch wenn er nicht immer alles verstand. Sie würde ihm die Ohren kraulen. Und er würde in diesem verlassenen Dorf leben, ganz in der Nähe dieses Waldes, den es zu erkunden galt. Hier wäre dann sein neues Heim.

Da er immer noch Durst hatte, sprang der Hund an der Alten hoch. Er wollte ihr das Gesicht lecken und ihr damit zeigen, dass er eine weitere Schüssel brauchte.

Doch sie erschrak, packte einen Stock und schlug ihm damit mehrfach auf den Kopf.

»Verschwinde, du räudiges Vieh. Ich habe dir Wasser gegeben, also hör auf, hier herumzuscharwenzeln! Ich habe schon genug eigene Probleme. Da kann ich einen Nichtsnutz wie dich nicht auch noch gebrauchen. Weg da! Weg!«

Der Hund gehorchte, wie er den Menschen immer gehorcht hatte. Und so verließ er diesen stillen Ort schnell und schweren Herzens.

DIE NACHT BRICHT AN ...

Der Weg wurde immer steiler und steiniger.

»Egal«, dachte der Hund. »Jetzt ist es nicht mehr weit.«

Golden hatte ja auch gemeint, dass man spätestens am Abend dort sein würde. Doch schon nach der nächsten Biegung begriff er, dass der Weg noch lange nicht zu Ende war. Als er oben am Hügel ankam, erstreckte sich unter ihm der Wald in alle Richtungen bis an den Horizont. Von dem Ort des grenzenlosen Überflusses, den er zu finden hoffte, war allerdings keine Spur zu sehen.

»Wie groß ist dieser Wald eigentlich? Gibt es hier kein einziges Dorf oder eine Menschenseele? Was fange ich jetzt nur an?«

Da er immer noch glaubte, sein Ziel bald erreicht zu haben, setzte der Hund seinen Weg fort. Woher sollte er auch wissen, dass es in den Bergen schnell Nacht wird? Mit einem Mal ging die Sonne unter, und es war dunkel. Nun stieg die Angst in ihm auf. Wie sollte er ganz allein eine Nacht im Wald überstehen?

Kaum war die Sonne verschwunden, verwandelte sich alles um ihn herum. Eine andere Welt stieg auf. Die Farben wurden Schicht um Schicht von den Dingen verschluckt. Der fröhlich grüne Wald lag plötzlich finster wie ein Friedhof da. Die gelben und violetten Blümchen am Wegrand schlossen ihre Blüten, und ihr Duft verwehte in der Finsternis. Selbst die Geräusche änderten sich. Das feine Gehör des Hundes vernahm nun nicht mehr das ununterbrochene Rascheln der Eidechsen und der springenden Grashüpfer, das ihn den ganzen Tag über begleitet hatte. Selbst die glückseligen Triller der Vögel verstummten. Jetzt herrschte überall eine große Stille, die nur hin und wieder von den Schreien eines Uhus in weiter Ferne zerrissen wurde.

Die Vögel waren in ihre Nester geschlüpft, die Mäuse hatten sich unter der Erde zusammengekuschelt. Wo sollte aber er, der Hund, schlafen gehen?

»Was bin ich doch für ein Dummkopf!«, dachte er. »Was mache ich jetzt mitten in der Nacht allein im Wald? Das ist nicht mein Zuhause, schließlich bin ich ein Stadthund!«

Er schnupperte hierhin und dorthin, aber kein Platz wollte ihm zusagen. Entweder war der Boden zu hart, oder es lag zu viel Laub dort. Oder es war einfach zu schmutzig und staubig. Ach, wie schön war doch sein weiches Bett zu Hause … Den Hund überkam Sehnsucht.

Mittlerweile war es stockdunkel. Der Hund konnte kaum noch erkennen, wo er die Pfoten hinsetzte. Er kam an einem Brombeerstrauch vorbei, der sich in seinem Fell verhakte. Nun glaubte er, dass ihn eine wilde Bestie angefallen hatte, die ihm die Klauen ins Fleisch schlug. Panisch rannte er aufs Geratewohl los, vorwärts, rückwärts, auf und ab. Dann machte er kehrt und prallte gegen einen Fels. Entsetzt zuckte er zurück und verfing sich prompt wieder in einem Strauch. Auch jetzt nahm er schleunigst

Reißaus, bis er keine Ahnung mehr hatte, wo er war. Als wäre ihm eine Horde von Teufeln auf den Fersen, stürmte er voran, bis er eine Pfote plötzlich ins Leere setzte. Schlagartig erstarrte er zur Salzsäule. Aus der Tiefe streifte ihn ein Luftzug. Offensichtlich stand er am Rande eines Abgrundes.

»Verdammt, das hätte schiefgehen können«, dachte er laut. »Ich muss mich beruhigen.«

Wieder fiel ihm der Wolf ein, den er erst an diesem Morgen getroffen hatte. Das Geschöpf mit den goldgelben Augen, das ihm mit seiner volltönenden Stimme versichert hatte, dass alle Geschöpfe der Natur einen Platz zum Schlafen finden.

Kaum hatte er zumindest ein Fünkchen Selbstvertrauen zurückgewonnen, wurde es an dem Felsgrat, an dem er stand, mit einem Mal heller. Er sah etwas im Dunkeln. Also machte er einen Schritt zurück und erblickte plötzlich zwischen den Steinen ein Licht, das gleich wieder erlosch und erneut anging. Und wieder erlosch … Diesem Licht folgte der Hund. Er spürte einen Weg unter seinen Pfoten, der ihn zwischen den Steinen hindurchführte. Der Weg wurde immer dichter und bemooster, bis sich das Laubdach über seinem Kopf öffnete und er auf einer Lichtung stand, auf der unzählige Glühwürmchen tanzten.

Sieben große Bäume standen rundherum und erglänzten silbern im Mondlicht.

Der Hund war todmüde. Er hatte seit Tagen nicht geschlafen und so viele Abenteuer ausgestanden, dass seine Pfoten sich nun weigerten, auch nur einen Schritt weiterzugehen. Er ließ sich zu Boden fallen, und kaum hatte er die Augen geschlossen, schlummerte er auch schon ein.

DIE WÖLFE

Plötzlich schreckte der Hund aus dem Schlaf auf. Schreckliche Schreie hatten ihn geweckt, und ein Steinregen prasselte auf ihn nieder.

Er öffnete die Augen und sah, dass er sich auf einer Wiese mit allerlei hübschen Blumen befand, die sich anmutig in der Morgenbrise wiegten. Ein tiefes Summen kam von den Bienen, die in aller Ruhe ihre Kreise zogen. Es ging allmählich auf Mittag zu, denn die Sonne stand schon hoch am Himmel.

Die Nacht war vorüber und er immer noch am Leben.

Als er aufstand, sich streckte und die Erde aus seinem Pelz schüttelte, landete wieder etwas auf seinem Kopf. Er schaute auf und sah, dass in den sieben Bäumen der Lichtung lauter rote Kugeln hingen. Kirschen! Oben auf den Zweigen hockte eine Schar Raben und schlug sich mit dieser Leckerei des Waldes den Bauch voll. Sie verschlangen sie ganz, ein paar aber hatten sie auf den Hund heruntergeworfen, als wollten sie ihn wecken.

Der Hund ärgerte sich über diese blöden Vögel, bis er eine der Kirschen aufschnappte und merkte, wie gut sie schmeckte! Jedes dieser wilden Früchtchen enthielt süßen Saft. Nachdem der Hund ungefähr fünfzig von ihnen verspeist hatte, verspürte er keinen Durst mehr und war hingerissen von dem wunderbaren Frühstück.

Am liebsten hätte er die übrig gebliebenen Kirschen für später eingepackt, aber er hatte ja weder Taschen noch einen Rucksack. Also ließ er sie zurück und machte sich erneut auf den Weg.

Zwei verliebte weiße Schmetterlinge umtänzelten sich direkt vor seiner Nase.

»Na, viel Glück auch!«, meinte der Hund. »Gestern noch hatte ich geglaubt, endlich einen Freund gefunden zu haben, und heute habe ich ihn schon verloren. Dabei wusste Golden vermutlich nicht einmal, wo der Mondberg liegt. Aber mit einem hatte er völlig recht: Ich kann nicht mehr nach Hause zurück, denn ich habe kein Zuhause mehr. Und die Menschen verjagen mich mit Stockhieben.«

Und so machte er sich wieder auf den steilen Weg, den er im Tageslicht mühelos wiedergefunden hatte.

Er lief, bis seine Kräfte in der Tageshitze nachzulassen begannen, seine Kehle wieder trocken wurde und seine Zunge wie ein toter Fisch aus dem Maul baumelte.

»Die Kirschen mögen den Vögeln genügen«, dachte er besorgt, »aber für einen großen Hund wie mich reicht das nicht.«

Niemand war zu sehen. Also räusperte der Hund sich und begann, mit sich selbst zu reden. Anfangs noch leise, aber dann immer lauter. »Ich kenne deinen Namen nicht. Ich habe dich noch nie gesehen oder von dir gehört. Ich weiß nicht einmal, ob es dich gibt. Schließlich bin ich nur ein dummer Hund und habe mich in diesem Wald vollkommen verlaufen. Ich habe schon wieder Hunger und Durst. Wenn du mich hörst, dann gib mir doch bitte etwas zu fressen.«

Kaum hatte er die Worte ausgesprochen und dabei eine Felsnase umrundet, sah er sich ein paar Gestalten gegenüber, die einen schreckenerregenden Anblick boten. Wild, mit ungepflegtem Fell, spitzen Zähnen und dem eiskalten Blick des Raubtieres. Der Hund war von einem Rudel Wölfe umgeben!

Zitternd versuchte er, ins Gebüsch zurückzuweichen, um sich zu verstecken, als eine ehrfurchtgebietende Stimme einen Befehl bellte.

»He, junger Mann, komm doch mal her. Fressen!«

Fressen? Sie wollten ihn fressen!

Ein schwarzer Wolf, der die anderen an Größe überragte, kam auf ihn zu, so nahe, dass der Hund seinen Atem auf der Schnauze spürte. Er roch nach Steinen und Moos. Dabei musterte er ihn mit jenem unvergesslichen Blick, den die Wölfe bei jeder ersten Begegnung zeigen, wenn sie überlegen, ob sie einen jetzt fressen sollen oder nicht.

»Es tut mir leid«, sagte der Hund, »aber ich habe nichts. Ich bin nur ein armer Hund, der alles verloren hat …«

»Alles würde ich nicht sagen. Der Babyspeck ist noch da …«

Die Wölfe brachen in Gelächter aus.

Dann löste sich ein alter Wolf mit weißer Schnauze vom Rudel.

»Komm her, mein Junge«, sagte er mit ruhiger, Vertrauen erweckender Stimme. »Bist du hungrig?«

Da entdeckte der Hund im Gras den Körper eines schweineähnlichen Tieres. Er begriff, dass diese mageren Geschöpfe nicht ihn fressen wollten, sondern ihm ganz im Gegenteil etwas zu fressen anboten. Es war völlig verrückt! Gerade hatte er um etwas zu fressen gebeten, und siehe da, schon lud man ihn zu einer Mahlzeit ein.

Wie eine Familie, die zu Tisch geht, ließen sich dann alle rund um das tote Tier nieder und verspeisten es zusammen. Das Einnehmen der Mahlzeit mit dem Rudel hatte etwas Verbindendes und Geselliges. Den Hund berührte es tief.

Die Wölfe langten ordentlich zu und schlugen sich den Bauch voll. Sie fraßen, ruhten sich ein bisschen aus, liefen auf und ab, um sich die Pfoten zu vertreten, und kehrten dann zurück, um das Mahl fortzusetzen. Das Tier war groß und schmeckte hervorragend. Bis auf die haarige Haut, die nicht recht durch die Kehle wollte, konnte man alles vertilgen.

»Ausgezeichnet, dieses Wildschwein«, sagte der schwarze Kalu. »Ich weiß nicht, wie es euch geht, aber ich hätte noch Hunger. Gibt es weitere Leckereien?« Er hob seine blutige Schnauze und sah den Hund an, der sich so klein wie möglich machte.

»Du bist unmöglich«, schimpfte Alina, die Wölfin. »Los, schnapp dir noch einen Knochen.«

Kalu holte sich den längsten Knochen und zerbrach ihn mit den Zähnen. Dann fing er an, ihn unter allerlei Geräuschen auszusaugen. Offensichtlich liebte er das Mark.

Die Kraft von Kalus Kiefer beschäftigte den Hund. »Die Knochen, mit denen ein Hund nur spielt, bricht ein Wolf spielend entzwei«, dachte er.

»Bist du allein unterwegs?«, fragte Kalu ihn.

Der Hund witterte Gefahr. »Nein«, hätte er am liebsten gesagt. »Ich habe mindestens zehn starke Freunde, die nicht weit weg sind.« Stattdessen nickte er nur, denn lügen konnte er nicht.

Nachdem er seinen Hunger gestillt hatte, trank er wie ein Verdurstender gierig am Bach. Das Wasser schmeckte beinahe wie Tee, so viel hatte es vom würzigen Duft der Kräuter, die am Ufer wuchsen, aufgenommen.

Dann wandte er sich dem Rudel zu und sagte mit einer Höflichkeit, die deutlich machte, dass er sich nicht ganz am richtigen Platz fühlte: »Ihr wart wirklich sehr gastfreundlich, aber nun muss ich mich wieder auf meinen Weg begeben. Danke für die Mahlzeit ...«

»Dafür musst du nicht uns danken«, sagte der Wolf mit der weißen Schnauze, dessen Name Muni war.

»Ähm …«, meinte der Hund verwirrt. »Dann danke für das Wasser, das so gut schmeckt.«

»Das hat der Berg für uns gebraut.«

»Wie auch immer, für mich war es der reine Segen. Wisst ihr, gestern habe ich eine Frau um etwas Wasser angebettelt. Sie hat mir nur eine kleine Schüssel voll gegeben und mich dann mit Stockschlägen fortgejagt.«

»So ist das. Bitte jemanden um einen Schluck Wasser, dann bekommst du einen Schluck, wenn du Glück hast. Bittest du aber um nichts und bleibst nur einfach auf dem richtigen Weg, wirst du früher oder später auf einen Fluss stoßen.«

Das war nun nicht die Antwort, die man von einem Raubtier im Wald erwarten würde.

Als der Hund aufbrach, drehte er sich noch einmal um, um sie ein letztes Mal zu mustern. Keiner der Wölfe trug ein Halsband, aber sie wirkten keineswegs nackt. Vielmehr besaßen sie eine Anmutung von fast königlicher Eleganz. In ihrer Schlichtheit strahlten sie eine große Gelassenheit aus.

»Als ich euch zum ersten Mal gesehen habe, hielt ich euch für Räuber«, platzte er, zuerst ein wenig zögerlich, heraus. »Dabei habt ihr mich nicht beraubt, sondern mir zu fressen angeboten. Sagt mir, wer seid ihr?«

»Wir sind Wanderer. Wir machen eine Pilgerfahrt.«

Dieses letzte Wort traf den Hund wie ein Blitzschlag. Er hatte es schon einmal gehört, auch wenn er es damals nicht verstanden hatte.

»Und wie stellt man es an, auf Pilgerfahrt zu gehen?«, fragte er.

»Ganz einfach«, antwortete Muni. »Du fasst den festen Entschluss, auf ein weites, schwer erreichbares Ziel zuzugehen, obwohl du nicht genau weißt, wie du dort hinkommst. Du sagst dir: ›Ich gehe los‹, ohne dich zu fragen, wie viel Zeit du brauchen wirst, um dort anzukommen, oder wie du wieder zurückkommst. All das ist nicht wichtig. Es zählt einzig, darauf zu achten, was dir täglich widerfährt, was du erlebst, wenn du Landschaft um Landschaft durchquerst, und wer dir dabei begegnet.« Dann hielt Muni kurz inne, um nachzuhaken: »Du zum Beispiel: Warum hast du uns hier getroffen? Wohin willst du?«

»Ich muss zum Mondberg«, antwortete der Hund. »Ich hatte geglaubt, ihn bis gestern Abend zu erreichen, weil ich eine Abkürzung genommen habe. Aber ich bin immer noch hier.«

Der alte Muni musterte ihn lange mit einem ernsten Ausdruck im Gesicht.

»Und was suchst du dort?«

»Das kann ich dir nicht sagen, denn wenn es ausgesprochen wird, verkommt es sofort zur Lüge.«

»Aha, gut, gut«, sagte Muni und nickte. »Diesen Weg muss jeder von uns gehen. Dafür sind wir auf der Welt. Aber es gibt keine Abkürzungen dorthin, und der Weg ist noch weit. Du kannst ihn nicht allein schaffen. Komm mit uns. Der Zufall will es, dass auch wir unterwegs zum Mondberg sind.«

ZWEITER TEIL
DER WOLF

DER ALTE WEG

Kaum war beschlossen, dass der Hund von nun an mit den Wölfen ziehen würde, legten sich diese nieder und schliefen ein. Das überraschte den Hund ein wenig. »Was sind das denn für Pilger, die den ganzen Tag schlafen?« Er nutzte die Gelegenheit, um sich die vier einmal genauer anzuschauen.

Da war Kalu, der Schwarze und der Stärkste des Rudels. Mit dem würde es sicher noch Ärger geben. Dann gab es Alina, die schöne Wölfin mit dem roten Fellkleid, die aber gleichzeitig sehr scheu war. Anah wirkte mit seiner nüchternen, ernsthaften Art fast wie ein Mönch. Und schließlich Muni, der Alte, der ihn mit seiner ehrfurchtgebietenden Stimme als Erster angesprochen hatte. Obwohl er körperlich der Schwächste war, schien er das Rudel zu führen. Dann und wann zuckten die vier im Schlaf oder kratzten sich wegen der Flöhe.

In was für eine merkwürdige Lage hatte er sich gebracht? Nun befand er sich mittendrin in dem, was er bislang am meisten gefürchtet hatte: einem Rudel Wölfe. Unfassbar, dass es diese Art zu leben noch gab. Während er die Wölfe musterte, fühlte er sich in eine lang zurückliegende, beinahe mythische Vergangenheit versetzt.

»Solange sie schlafen, könnte ich auch einfach abhauen. Aber was dann? Wohin sollte ich schon gehen?«

Der Hund hatte sich gerade zum Schlafen zusammengerollt, als er eine raue Pfote an der Flanke spürte.

»Was ist denn?«, fragte er und öffnete die Augen.

»Steh auf, Bruder. Wir ziehen weiter!« Die Wölfe standen dicht um ihn herum.

»Jetzt …? Aber es ist fast schon Nacht!«, murmelte er.

Ein rötlicher Widerschein stahl sich durch die noch schwarzen Bäume.

»Ja, genau. Das ist die Stunde der Wölfe.«

Ohne ein weiteres Wort zogen die Wölfe los. Mit Muni an der Spitze brachen sie auf. Der Hund wiederum hatte nicht die geringste Lust, eine weitere Nacht allein im Wald zu verbringen. Ein Rudel Wölfe nahm er lieber in Kauf als die Einsamkeit, vor der er sich mehr fürchtete. Deshalb stand er auf und lief ihnen hinterher.

Mit langen, leichten Schritten zogen die Wölfe stundenlang über Land. Sie schienen gar nicht mehr Rast machen zu wollen. Muni war alt, der Hund hingegen in der Blüte seiner Jugend, und doch hatte er Schwierigkeiten, mit ihm Schritt zu halten.

»He, wartet doch mal! Warum nehmen wir nicht den Weg?«, rief der Hund beunruhigt nach vorne.

»Wir folgen nie den Wegen der Menschen, sondern dem Alten Weg. Dem Weg ohne Wege, der mitten durchs Herz des Waldes führt. Es ist der einzige Weg zum Mondberg.«

In der Dunkelheit konnte der Hund kaum erkennen, wo er hintrat. Immer wieder rutschte und stolperte er auf dem steinigen Pfad. Bei seinen unbeholfenen Tritten riss er sich die empfindlichen Zehenballen auf, die vor Schmerz brannten.

»Jetzt hör doch mal auf, so laut zu schnaufen!«, fauchte ihn Kalu plötzlich an. »Sollen denn alle wissen, dass wir hier sind?«

Kurz darauf vernahm der Hund ein leichtes Plopp unter der Pfote, und sofort flog aus dem Gebüsch ein Schwarm Vögel auf. Ihr Zwitschern würde vielleicht den ganzen Wald in Aufruhr versetzen.

Wieder drehte sich Kalu mit bedrohlicher Miene zu ihm um: »Kannst du vielleicht aufhören, so laut zu sein?«

Muni hielt inne und kam nach hinten. »Was ist hier los?«

»Nichts«, sagte der Hund und hob seine blutverschmierte Pfote, um sie in Augenschein zu nehmen. »Wahrscheinlich bin ich auf einen Wurm getreten.«

»Pass auf, wo du hintrittst«, mahnte Muni unerwartet streng. »Das war kein Wurm, sondern eine Raupe. Wegen deiner Unachtsamkeit gibt es auf der Welt nun einen Schmetterling weniger!«

Jetzt war der Hund wirklich beleidigt. Schließlich hatten sie gerade ein Wildschwein gefressen. Warum sollte man so viel Aufhebens um einen winzigen Wurm machen? Trotzdem kam er allmählich hinter das Geheimnis der Wölfe: Sie achteten auf jeden ihrer Schritte und glitten wie Geister durch den Wald.

»Ich habe doch gesagt, dass wir ihn nicht mitschleifen sollen«, hörte er Kalu zischeln. »Er hält uns nur auf.«

»Er ist einfach ein Stadthündchen«, setzte Anah nach. »Ein Unreiner, der aus den Händen der Menschen gefressen hat!«

»Die Reise ist für uns schon schwer genug. Er wird es nie schaffen.«

»Er ist ein Suchender, wie ich und ihr«, erklang die ruhige Stimme Munis. »Wer weiß schon, wer am Ende ankommt und wer nicht?«

Sie liefen bis zum Morgengrauen. Als der Tag anbrach, mussten sie über eine Wand, die sich in den Augen des Hundes schlicht und einfach vertikal nach oben auftürmte. Er hatte solche Mühe mit dem Aufstieg, dass er das Rudel schließlich kaum noch hören konnte. Getrieben von der Verzweiflung dessen, dem keine andere Wahl bleibt, gelangte er schließlich spät oben an.

Das Rudel hatte sich hingelegt und wartete auf ihn. Das Mahl war schon bereitet. Der Hund war zu müde, um zu fragen, wie sie dazu gekommen waren. Er schlug sich nur einfach schweigend den Bauch voll.

Als die Sonne soeben über den fernen Horizont blinzelte, legten sich die Wölfe schlafen.

»Nun kannst du dich ausruhen«, meinte Muni.

»Hier?«, fragte der Hund entgeistert.

Ein noch unbequemerer Ort hätte sich wohl kaum finden lassen. Diese Wölfe machten doch alles anders als üblich!

Sie lagerten am Rand eines Abgrundes. Allein beim Anblick wurde dem Hund schwindlig. Dazu kam noch der eiskalte Wind. Er versuchte, sich hinzubetten, fand aber auf den spitzen Steinen keine bequeme Position.

»Ausgerechnet hier, wo der Wind pfeift, ohne etwas zum Zudecken?«, murmelte er bei sich.

»Du glaubst immer, dass es dir an etwas fehlt, Bruder«, sagte Muni, dessen Ohren stets gespitzt waren. »Als könntest du nicht sehen, was du alles besitzt. Hast du denn nicht einen wunderschönen Pelz?«

»Er ist nicht so dicht wie eurer. Er kann mich nicht vor der Kälte schützen.«

»Vorne hast du deinen klugen Kopf, der dich führt. In dir trägst du deinen Magen wie einen großen Sack, in den du alle Vorräte steckst, die du brauchst. Unter dir besitzt du vier starken Pfoten, die dich bis ans Ende der Welt tragen können. Und jetzt schau mal hinter dich! Da findest du genau das, was du suchst.«

Der Hund drehte sich um, sah aber nichts.

»Da hinten!«

Wieder drehte der Hund sich um und konnte nichts entdecken.

»Da hast du deine dicke, pelzige Rute. Leg sie um dich, und du wirst sehen, wie gut es dir damit geht. Das ist die Decke, die du immer bei dir hast.«

Muni zeigte ihm, wie die Wölfe sich zusammenrollen und die Spitze ihrer Rute an die Nase legen. Und so lernte auch der Hund, dass er mehr besaß, als er geglaubt hatte.

DIE PILGERFAHRT

Der Rabenschwarm flog über dem Wolfsrudel
dahin und begleitete es auf seiner Reise.

Nicht alle Schönheiten der Natur ...

… waren erreichbar.

Manchmal fanden die Wölfe sogar Zeit zum Spielen.

Der Hund schloss die Augen und witterte eine wilde
Gegenwart …

... und er fühlte sich ganz klein inmitten dieser weiten Landschaft.

DIE REINIGUNG

So ging es Nacht um Nacht weiter. In der Dunkelheit durchquerten sie die Wälder, beim ersten Morgengrauen suchten sie sich ein Versteck an unzugänglichen Orten. Die Landschaften zogen an ihnen vorüber.

Sie erstiegen Berge, glitten hinunter ins Tal, folgten dem Lauf der Flüsse und stromerten durch Wälder aus grünen Buchen, weißen Birken oder dunklen, duftenden Tannen.

Der Hund war immer der Letzte. Er schleppte sich hinter den Wölfen her, und wenn er sie endlich einholte, wartete bereits eine Mahlzeit auf ihn: ein junger Hirsch, ein paar Dachse, ein Hase oder andere wohlschmeckende Tiere, deren Namen er nicht kannte.

Die Wölfe waren unaufgeregt und ihrer selbst sehr sicher. Es gab nichts, was sie nicht vermochten. Sie hielten inne, betrachteten die Flanke eines Berges und schon wussten sie, wo es einen Bachlauf gab.

Hörten die Frösche auf zu quaken, wussten sie, dass Gefahr drohte. Und wenn das rote Licht der Morgensonne über den Horizont stieg und das Konzert der Vögel am lautesten wurde, hatten sie schon einen Platz zum Schlafen gefunden.

Ganz egal, was sich zutrug, ihnen gelang einfach alles. Nichts schien ihnen schwerzufallen. Der Hund brauchte ihnen nur zu folgen.

Die Wölfe waren jedoch auch zäh und ziemlich hart im Nehmen. Sie legten vierzig, siebzig, manchmal hundert Kilometer pro Nacht zurück. Daran war der Hund nicht gewöhnt. Sein Körper war vollkommen erschöpft.

Eines Tages, als sie ihn zum Fressen riefen, maulte er nur: »Lasst mich in Ruhe!«

Er drehte sich um und schlief weiter. Nicht einmal die Kraft zum Fressen war ihm noch geblieben. Bald darauf spürte er eine Pfote, die ihn in die Seite stieß.

»Komm, wir ziehen weiter.«

»Ich rühre mich nicht vom Fleck. Lasst mich hier. Geht einfach!«

Er wusste nicht, wie er sie wieder loswerden sollte. Es war sinnlos: Nachdem die Wölfe den Hund in ihr Rudel aufgenommen hatten, ließen sie nicht locker. Muni nahm die Spitze seiner Rute zwischen die Zähne und zog sie ihm weg wie einem Kind seine Decke, sodass der Hund fror. »Los, auf geht's! Oder glaubst du, dass deine Träume dich zum Mondberg bringen werden?«

Auch wenn er aufstand und losging, blieb der Schlaf an ihm kleben. Die Augen tränten ihm, der Kopf war ganz vernebelt. Der Hund folgte den Wölfen im Dunkeln einen grasbewachsenen Abhang hinunter und wunderte sich kein bisschen, dass unten ein Fluss vorbeiströmte. Er fragte sich nicht mehr, woher das viele Wasser kam und wie es hierhergelangte. Das, was der Wald ihm schenkte, worüber er einst so erstaunt gewesen war, schien ihm mittlerweile vollkommen normal. Er hatte sich daran gewöhnt, dass er seinen Durst immer stillen konnte. Das Wasser plätscherte einen Wasserfall herunter, gluckste aus der Erde heraus oder duftete im Herzen eines Blütenkelches.

»Pfff! Noch ein Fluss«, dachte der Hund. Er verspürte keine Dankbarkeit mehr wie früher. Vermutlich würden sie hier trinken.

Dann aber kam es anders. Diesmal sprang Muni in die Fluten, gefolgt von Alina, dann von Kalu. Nach einem Moment des Zögerns sprang Anah hinterher. Als die Reihe an den Hund kam, tauchte dieser eine Pfote ins Wasser, zog sie aber augenblicklich zurück, als hätte ein Fisch hineingebissen.

»Spring!«, rief Kalu, der schon ein schönes Stück abgetrieben war.

»Ich denke nicht daran«, antwortete der Hund. »Das ist ja reines Eiswasser!«

»Los, spring endlich! Du stinkst immer noch nach Stadt. Die Tiere riechen von Weitem, dass du kommst, und gehen dir aus dem Weg.«

Die Wölfe verlachten den Hund. Sie versuchten, ihn mit Spott oder Schmähungen herauszufordern, doch der Hund stemmte seine Pfoten fest in den Boden und rührte sich nicht.

»Warum muss man denn unbedingt nachts schwimmen gehen?«, gab er zurück, und nun sprudelte aus ihm heraus, was ihn schon seit Tagen umtrieb. »Ich warte lieber auf die Sonne. Ich will wieder am Tag leben.«

Muni schwamm auf ihn zu. »Glaubst du denn, uns gefällt es nicht, wenn die Sonne uns den Pelz wärmt? Jedes

Tier liebt das. Aber wir müssen uns tagsüber nun mal verstecken«, rief er laut, um das Geräusch des Wassers zu übertönen.

Der Hund warf ihm einen verzweifelten Blick zu, bevor er aufs Wasser starrte. »Aber das ist doch kalt!«

»Klar«, gab der Alte auf seine ruhige Art zurück. »Natürlich wäre es mittags schöner. Aber wir folgen nun mal dem Alten Weg, und der führt hierher und auf der anderen Seite weiter. Das ist das Hindernis, das sich uns heute in den Weg gestellt hat, und wir müssen es überwinden. Das ist unsere Arbeit.«

»Was ihr schon Arbeit nennt!«, maulte der Hund. »Mein Herr musste arbeiten, um zu leben. Er ging jeden Morgen aus dem Haus und kam erst abends zurück. Ihr aber seid Faulpelze. Ihr schafft nichts, sondern durchstreift nur ständig den Wald und klaut da oder dort etwas.«

»So ist das nicht, Bruder. Schau uns an, das Leben der Wölfe ist hart. Wir folgen dabei einer strengen Disziplin. Wir leben nachts. Wir schlafen auf den windgepeitschten Gipfeln. Wir baden in eiskalten Bächen und legen schweigend weite Entfernungen zurück, mehr als jedes andere Tier. Das, Bruder, ist unsere Arbeit.

Los, spring jetzt! Das ist eine Strapaze für den Körper, aber es stärkt die Seele!«

Der Hund blieb, wo er war. »Ich kann nicht schwimmen.«

»Lass ihn doch zurück«, rief Kalu nun ungeduldig. »Ich habe es doch immer gesagt, dass man mit einem wie ihm nicht weit kommt.« Dann sagte er zum Hund gewandt: »Du weißt nicht, wie man einen Fluss überquert? Dann bleib doch einfach da, wo du bist. Früher oder später kommt schon ein Bär vorbei, der dir das beibringt!«

Der Hund hörte das raue Gelächter der Raben in der Luft, die keine Mühe hatten, den Fluss zu überqueren. Sie verschwanden hinter den Wölfen im Wald.

Nun war er wieder allein im Labyrinth der Bäume. Und so kniff er fest die Augen zusammen und sprang.

Die Kälte traf ihn wie ein Schlag. Dann packte ihn die Strömung. Sie wirbelte ihn durcheinander und zog ihn nach unten. Er schluckte Wasser, während er unter die Oberfläche gedrückt wurde. Dann aber ruderte er wie verrückt mit den Pfoten und kam wieder nach oben. Nass und völlig erschöpft erreichte er das andere Ufer.

Als er wieder zu Atem kam, fühlte er sich erfrischt, ja gereinigt. Es kam ihm vor, als hätte das eisige Wasser nicht nur den Dreck aus seinem Fell gespült, sondern auch die Müdigkeit seiner Seele mit sich fortgenommen.

DAS UNENDLICHE

Sie liegen unter dem Sternenzelt. Heute haben sie ein wenig früher haltgemacht. Die Farben der Morgenröte sind noch nicht am Himmel erschienen, und die Grillen zirpen immer noch. Der Weg war lang, und sie sind müde. Keiner der Wölfe hat noch Lust, auch nur eine Pfote zu heben. Heute ruhen sie sich aus.

Der Hund erschnuppert den satten Geruch der feuchten Erde. Er hört, wie die Tautropfen von den Grashalmen fallen. Er spürt, wie der Wind sich aus dem Tal erhebt wie eine Welle, die auf sie zurollt. Er bläst ihm ins Gesicht, zaust ihm das Fell und drängt sich in seine Nase. Der Hund aber nimmt ihn auf wie das klare Wasser eines Wildbaches.

Rundum weht der Duft der Heiligkeit, als gäbe es da ein Wesen, das über sie wacht. »Muni? Was ist es?«

»Was meinst du?«

»Das, was die Farben leuchten macht, die Grillen singen, den Wind wehen? Das, was die Sterne am Himmel schweben lässt?«

Wieder erhebt sich eine Brise aus dem Tal.

»Was ist es, worauf wir laufen und uns ausruhen, diese Erde? Diese Welt, die wir durchqueren?«

Fünf arme Teufel im Wald, die nichts haben als ihren Pelz und sich selbst. Und doch spürt der Hund ganz deutlich, dass es keinen Ort auf der Welt gibt, an dem er jetzt lieber wäre. Er liebt dieses Leben, es passt zu ihm: das Zusammensein, in Harmonie miteinander und mit dem Universum. Die Zufriedenheit mit dem, was sie haben, sei es nun viel oder wenig, ohne sich mehr zu wünschen. Sie sind Abenteurer der Seele, allein in der Nacht, den Blick auf das Ewige gerichtet.

»Die Bruderschaft der Ewigkeit«, murmelt Anah, als hätte er sich gerade genau dasselbe gefragt.

Sie blicken in die Tiefe des dunklen Himmels, der von Sternenstaub übersät ist. Das ist es, was ich sehen kann, denkt der Hund. Eine Handvoll lichter Punkte inmitten der grenzenlosen Dunkelheit.

Und mit einem Mal fühlt er sich durchdrungen vom Geheimnis.

Wäre der Hund nicht ausgesetzt worden, hätte er dieses Geheimnis vielleicht nie kennengelernt. Er wäre sich nie bewusst geworden, wo er war.

»Die Tage vergehen, die Nächte schlüpfen uns durch die Finger wie Schatten. Und wenn uns nie etwas Unerwartetes begegnet, etwas, das häufig im Gewand des Unglücks einherkommt, so würden wir nie erkennen, wie wunderbar die Welt ist, in der wir leben. Wir würden uns nie die größte aller Fragen stellen …

Und was kommt danach? Und danach und danach und danach …«

Dem Hund wird schwindlig, er hat das Gefühl zu fallen, durch die Sterne hindurch.

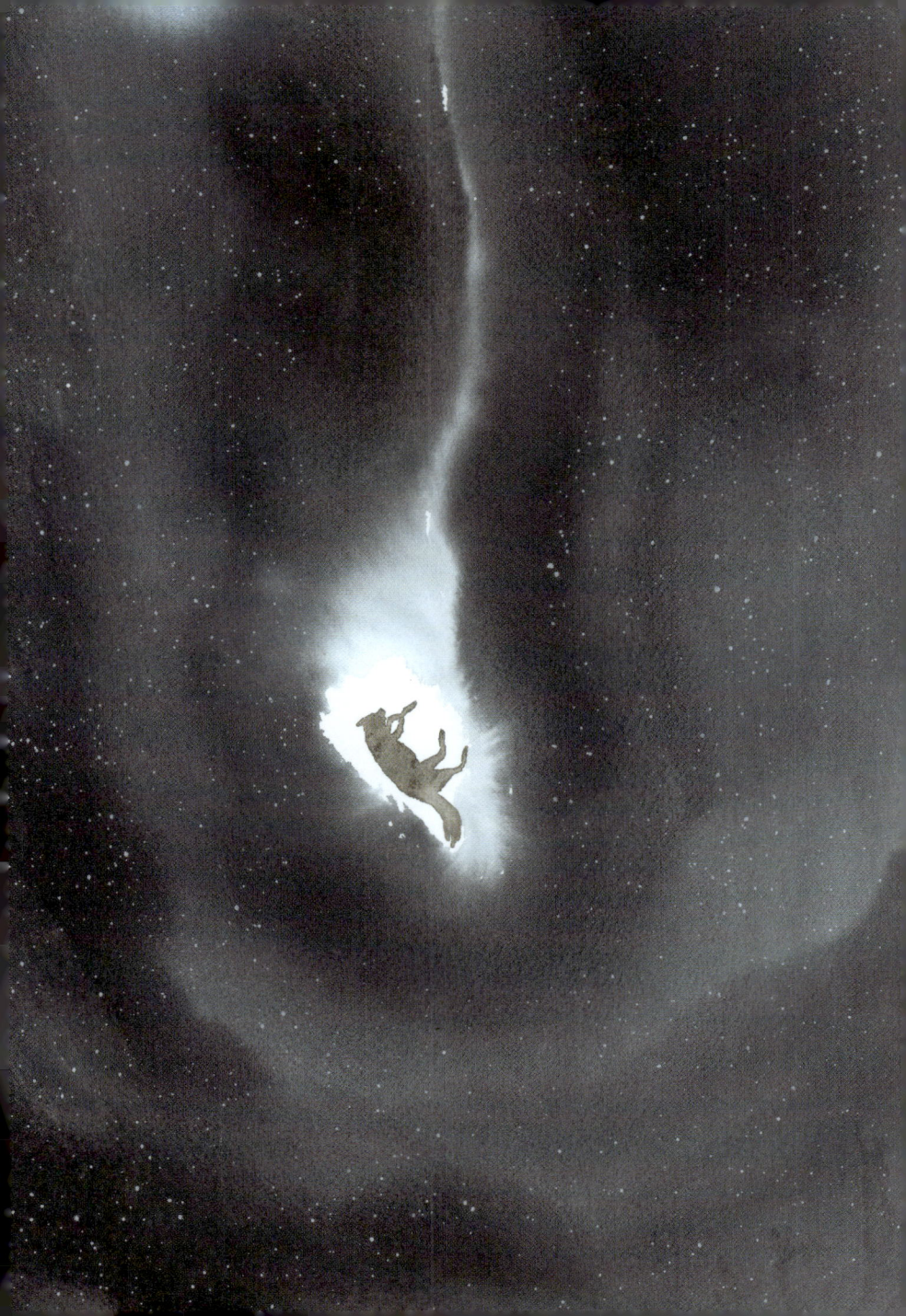

Plötzlich drückt ihm die Angst die Brust zu. Er versucht zu vergessen, etwas Stabiles, Kleines, Bekanntes zu finden, an dem er sich festhalten kann.

»Ohhh!«

»Was ist denn?«

»Nichts …«

»Schschsch …«, flüstert Muni beruhigend. »Das ist Arbeit. Das ist die Arbeit.«

Der Hund wird still und fragt sich weiter, wie es zu dieser Explosion von Lichtern, Lauten und Düften kommen kann, die ihn umgibt. Und warum? Vor allem warum?

Sein Herz zieht sich zusammen, und eine Leere breitet sich in der Magengrube aus. Sein Geist galoppiert wild umher. Er wünscht sich, dass diese Bewegung aufhört, dass sich nicht mehr alles um ihn dreht, dass Schluss ist mit Beißen und Schmerzen und Verwirrtsein.

Wie hat das alles nur angefangen? Warum plötzlich dieser Wirrwarr? Warum ist nicht alles einfach still, dunkel und greifbar geblieben?

Aber die Antwort will sich nicht einstellen. Ein großes Nichts.

Die Entfernungen sind zu weit. Er fühlt sich winzig und überflüssig. Heute Nacht gibt es für ihn keine Hilfe. Nicht das Flüstern des Flusses, der sich um seine Biegungen schlängelt. Nicht das Rufen des Uhus, das ihn sonst beruhigt, ihm heute aber tieftraurig erscheint. Der Hund, der Mond, der Uhu, der Schlangenfluss und der Traum. Hier und heute ist jeder allein, sind alle zusammen und lauschen mit allen Sinnen auf das Geheimnis der Unendlichkeit.

»Was mache ich hier, mitten in einem Wolfsrudel? Bin ich verrückt geworden? Ich sollte in die Stadt zurück. Bis jetzt hatten wir ja Glück, aber das kann doch nicht gut gehen …«, denkt der Hund laut.

»Wer sagt, dass es nicht gut gehen kann? Schau doch genauer hin … funktioniert es etwa nicht?«

Die sanfte Ermahnung löst die Anspannung des Hundes. Er lässt den Atem fließen, den er angehalten hatte, und überlässt sich der unsichtbaren Strömung, die ihn in diesem Moment streift. Einen Atemzug lang vertraut er sich ihr an.

Der Mond schiebt sich langsam vor die Sterne.

»Wir wissen nicht, wie, aber es geht gut. Und das seit sehr langer Zeit. Lange bevor es Wölfe gab oder Hunde oder Bäume. Es ist dazu geschaffen, gut zu gehen.«

Plötzlich spürt der Hund etwas, das ihn trägt.

»Muni?«

»Ja?«

»Ach, nichts.«

»Schschsch …«, macht Muni. »Hör auf, darüber nachzudenken. Wir hatten zu fressen. Hier in der Nähe fließt ein Fluss, und die frische Luft umfächelt uns. Auch für heute ist das Problem des Daseins gelöst.«

DAS GEWITTER

Wie angewurzelt blieb Muni plötzlich stehen und lauschte.

»Ich spüre Wolken, die sich nähern. Wenn die Schafe anfangen zu laufen, kommt hinter ihnen meist ein Wolf!«, erklärte er. »Wir sollten uns besser einen Unterschlupf suchen.«

Schon fing es an zu donnern. Die Bäume, die immer reglos standen, begannen, sich hierhin und dorthin zu neigen, während der Wind sie durchpeitschte. Dicke schwarze Wolken türmten sich über den Bergen auf und gingen auf das Rudel nieder, das ausschwärmte, um Schutz zu suchen. Die ersten großen Tropfen zerplatzten auf ihrem dichten Fell. Als Alina sie dann endlich zu sich rief, stürzten sie alle dorthin, wo ihr Ruf herkam, und fanden eine Höhle, die sich tief in den Felsen drängte. Vermutlich hatte hier früher ein Bär gehaust, jetzt aber schien die Höhle verlassen. Sie schafften es gerade noch in den felsigen Unterschlupf, bevor die ersten Blitze furchterregend die Nacht zerrissen. Die Wölfe schmiegten sich eng in den warmen Bauch der Erde. Gemeinsam mit allen anderen Geschöpfen des Tales, die auf diese Weise geweckt worden waren, lauschten sie auf die mächtige Stimme, die über jedem Felsspalt, jeder Ritze, jeder Höhle erdröhnte.

Es regnete die ganze Nacht und den ganzen Tag. Nicht einmal in der folgenden Nacht ließ der Regen nach. Das Wasser wusch alle Fußspuren und Duftmarken fort, denen sie gewöhnlich folgten. Es wäre somit nicht nur gefährlich, sondern auch sinnlos gewesen, die Höhle zu verlassen. Der Hund verspürte furchtbaren Hunger, die Wölfe aber waren es gewöhnt, immer wieder einmal einen leeren Bauch zu haben.

»Jetzt hör schon auf zu winseln!«, sagte Kalu. »Wir bekommen manchmal ein oder zwei Wochen lang nichts zwischen die Zähne. Aber du bist ja nicht Herr deiner selbst, drum fange ich dir lieber was.«

Mit einem Satz war er draußen, und seine schwarze Silhouette verschwand hinter dem dichten Vorhang des Regens. Bald darauf kam er zurück. Sein Fellkleid triefte vor Nässe, während er dem Hund eine dicke, aufgeblähte Kröte vor die Schnauze legte.

»Hier, Hund. Friss, wenn du so großen Hunger hast.«

Die Kröte blickte den Hund aus ihren feuchten Augen an.

»Wie eklig!«, rief Anah und fing an zu lachen.

»Wenn du die schlucken kannst, kann ich dir noch ein paar bringen«, meinte Kalu.

»Nun?«, wandte Muni sich fragend an den Hund. »Willst du sie, oder sollen wir Kalu bitten, sie wieder dorthin zu bringen, wo sie sich gerade vergnügt hat? Kröten und Schnecken schätzen ein schönes Gewitter.«

Der Hund zog sich in eine Ecke zurück und antwortete nicht.

»Alles hier hat seinen Grund«, fuhr Muni fort. »Wir sind ständig auf den Beinen, aber manchmal ist es nicht schlecht, ein wenig innezuhalten und nachzudenken. Das ist wohl so eine Gelegenheit. Für heute haben wir einen wunderbaren Unterschlupf gefunden, und an Wasser fehlt es uns auch nicht. Warum fasten wir also nicht ein bisschen? So können auch die anderen Tiere Atem

schöpfen und das gewaltige Spektakel des Himmels genießen.«

Das Wasser wusch den Bergen den Kopf, spülte die Bäume blank und putzte jeden einzelnen Grashalm. Es durchweichte die Tiere, reinigte die Wege von Gerüchen, erfrischte die Erde und hauchte dem Moos neues Leben ein, das nun auch dort wieder wuchs, wo es sich seit Monaten nicht mehr gezeigt hatte. Der Regen fiel in dichten Schnüren. Milliarden Tropfen zerplatzten auf den Felsen oder plumpsten mit einem satten Platschen in die Pfützen, die sich überall bildeten. Sie weiteten sich auch in die Höhle aus, durchnässten die Erde und die Pfoten der Wölfe, die mittlerweile schon recht niedergeschlagen froren. Über allem hing der durchdringende Geruch von nassem Fell.

Sie warteten. Hin und wieder stand einer auf und streckte sich, nur um sich dann wieder zusammenzurollen und weiterzudösen. Wölfe sind von Natur aus schweigsam, doch sie sind auch intelligent und ausgesprochen neugierig. Daher fingen sie an, dem Hund Fragen zu stellen, um sich die Zeit zu vertreiben: »Na, erzähl doch mal, Bruder. Wie war denn das Leben bei den Menschen?«

Als er an seinen Herrn zurückdachte, kamen dem Hund wieder die Tränen. Diesmal aber weinte er nicht um seinetwillen, sondern um seinen Herrn. Schließlich hatte er nun niemanden mehr, mit dem er sich aussprechen konnte, wenn er abends müde von der Arbeit nach Hause kam. Er sprach mit so viel Rührung in der Stimme, dass Muni ihn erstaunt ansah. Kein Wolf hätte je so viel Hingabe gezeigt.

»Ihr könnt euch nicht vorstellen, wie gut die Menschen sind!«, erzählte der Hund. »Mein Herr hat mich hinter den Ohren gekrault. Er hat mich regelmäßig gebürstet und mich umarmt, als wäre ich sein Kind. Er brauchte mich, und ich brauchte ihn. Wenn er schlafen ging, legte ich mich zu seinen Füßen nieder und …«

Der Hund konnte den Satz nicht zu Ende bringen, weil die Wölfe in lautes Gelächter ausbrachen.

»Schau ihn nicht an! Er hat bei den Menschen geschlafen!«

»Mir ist aufgefallen, dass ihr den Menschen aus dem Weg geht«, sagte der Hund. »Ihr benutzt nicht einmal die von ihnen angelegten Wege. Warum eigentlich?«

»Die Menschen haben unsere Art fast ausgerottet. Sie haben uns Wölfe zu Tausenden getötet. Früher waren wir zahlreich. Wir waren überall. Heute haben die Menschen sich die besten Ländereien genommen, und als wäre ihnen das nicht genug, haben sie auch noch den Tag an sich gerissen, sodass wir heimlich in der Nacht wandern müssen.«

»Unfug!«, entgegnete der Hund ungläubig. »Ich kenne sie besser als ihr. Sie sind gut und gütig. Wir sind ihre besten Freunde.«

»Der Hund ist der beste Freund des Menschen«, warf Anah ein. »Der Wolf jedoch ist sein schlimmster Feind. Obwohl wir eigentlich von derselben Art sind …«

»Ein Freund des Menschen?!«, mischte sich Kalu wütend ein. »Nur wenn man tut, was er will, und sich zu seinem Diener macht. Die Menschen wollen alle Geschöpfe auf Erden unterjochen und ihnen ihre erfundenen Gesetze aufdrängen. Es sind die Gesetze der Stadt, nicht die des

Universums. Sie verlangen, dass man ihnen die Füße leckt und sie bewundert, als wären sie Götter.«

»Nun, meine Götter sind sie jedenfalls nicht«, zischte Alina.

»Wer gehorcht und sie verteidigt, der wird belohnt«, widersprach der Hund.

»Verräter!«, fauchte Anah.

»Wer sie aber ablehnt, der wird umgebracht. Die Menschen wollen nur einen gehorsamen Gefährten, der nie Nein sagt.«

»Du hast für uns Hunde nicht viel übrig, oder, Kalu? Für dich sind wir käufliche Seelen. Geschöpfe, die aufgegeben haben. Schwächlinge, die dem reinen Leben in der Wildnis nicht gewachsen waren. In deinen Augen haben wir uns dem Menschen unterworfen, nur um regelmäßig etwas zu fressen zu haben.«

»Wir jedenfalls haben uns unsere Unabhängigkeit bewahrt«, entgegnete Kalu. »Wir nehmen ihre Gaben nicht an und halten uns fern von ihren lockenden Versuchungen. Wir schätzen die Herausforderung und die Ungewissheit höher als das bequeme Leben an ihrer Seite. Wenn wir an einer Kreuzung stehen, schlagen wir den Weg ein, der steil nach oben führt. Wenn wir uns ein Lager suchen, dann ein steiniges in großer Höhe, das wir mit Spinnen und Skorpionen teilen. Müssen wir zwischen Tag oder Nacht wählen, ziehen wir die Nacht vor. Und vor dem Gefährten entscheiden wir uns für die Einsamkeit! Wir kämpfen gegen gefährliche Tiere mit Reißzähnen und Hörnern. Die Schafe und Hühner aber lassen wir den Menschen. Vögel, die nicht mal fliegen können!«

Kalus Augen funkelten wie Feuer. »Sie können mich brechen, aber verbiegen werden sie mich nicht! Und auch wenn kein Tier uns liebt, so werden wir doch geachtet. Denn jeder weiß, dass wir den Alten Weg gehen und unsere ewige Wahrheit bewahren, die so alt ist wie diese Berge!«

In der Höhle war es still geworden, bis sich vor dem Geräusch der immer noch fallenden Tropfen die ruhige Stimme Munis erhob.

»Es stimmt nicht, dass wir uns mit den Menschen nicht anfreunden möchten«, sagte er. »Eigentlich wäre das schön. Aber wir wollen eben unabhängig bleiben und unseren angeborenen Instinkten folgen, nicht ihren. Die Menschen halten sich für die Herren der Welt, aber das sind sie nicht. Wir überleben im Schatten. Dort sind sie bislang noch nicht hingekommen.«

»Aber leicht ist das nicht«, meinte der Hund nachdenklich und richtete den Blick nach draußen, wo der Regen immer noch in dichten Schleiern fiel.

»Frei zu sein ist niemals leicht. Aber es ist möglich. Auch du, Bruder, sollst wissen, dass du keinen Herrn nötig hast. Sei dir doch selbst dein Herr!«

In diesem Augenblick erklang ein Donnerschlag so stark, dass er durch das ganze Tal rollte. Kurz darauf verzogen sich die Wolken wie eine Armee auf der Flucht, und der Regen hörte auf.

Die Wölfe hatten Hunger und zogen los, um sich Nahrung zu suchen.

DAS BANKETT
DES HIMMELS

Über den weiten grünen Matten der Berge erhoben sich
Nebelschleier wie Geister, als sie die Höhle verließen.

Sie hatten einen flotten Trab angeschlagen, um die
durchgefrorenen Körper zu wärmen, als sich vor ihren
Augen plötzlich ein erschreckendes Bild bot. Aus der weichen Grasdecke ragte ein gewaltiger Felsen hervor ... um
ihn herum lag eine Herde Kühe. Alle Tiere waren tot.

Zuerst vermuteten sie eine Falle und reckten die Nase
in die Luft, ob sie etwas witterten. Aber es roch gut, und
die Körper der toten Tiere waren noch warm.

»Die Armen!« Es war Muni, der die Stille durchbrach. Er
hob den Kopf und zeichnete mit den Augen den spitz
nach oben stehenden Felsblock nach. »Sie haben während
des Gewitters hier Schutz gesucht, um sich zu wärmen.
Und dann hat die Felsspitze einen Blitz angezogen.«

Der Hund verstand von solchen Dingen nicht viel, aber
auch ihm war klar, dass sich ihren Augen hier ein wahrer
Festschmaus bot.

»Diese Gabe soll nicht für uns allein sein«, verkündete Muni feierlich. »Wir müssen ein Dankesmahl ausrich-
ten.«

Er befahl den Wölfen, die Kühe zu zerteilen und vorerst noch keinen Bissen anzurühren. Der Hund sah aufmerksam zu, wie die Wölfe die Kühe mit dem Bauch nach oben in eine Reihe legten. Dann öffneten sie gemeinsam den Tieren der Reihe nach die Bäuche. Jede Geste strahlte Präzision und Eleganz aus. Sie beherrschten ihr Handwerk.

Als alles bereit war, begutachtete Muni die Arbeit. Er war zufrieden. Dann richtete er den Blick gen Himmel, der so rein und klar war, dass man die Sterne förmlich strahlen fühlte. Und er fing an zu heulen.

»Auuuuuuuuuu-uuuuuuu-uuuuuuuuuu …«

Schon die ersten Laute bezauberten den Hund. Nie zuvor hatte er einen so traurigen und gleichzeitig triumphierenden Gesang gehört. Dann fiel Kalu ein, schließlich auch Alina und Anah. Ihre Rufe strebten einander zu, bis sie im Chor sangen, mit einer Stimme. Das Lied war so schön, dass es in den Wiesen, auf denen sich nach dem Gewitter vielfältige Stimmen erhoben hatten, plötzlich wieder still wurde. Selbst die Grillen, die musikalischen Meister der Nacht, schwiegen, um dem melancholischen Gesang zu lauschen, der so viel tiefsinniger war als der ihre. Dies war der erhabenste Ausdruck der Wahrheit, den der Hund jemals vernommen hatte. Sein Fell sträubte sich im Nacken. Er schien dieses Lied zu kennen, obwohl er die Worte nicht verstand. Eine uralte Melodie, die von anderen Welten erzählte und einen Hauch von Tod umfing.

Jeder Wolf sang für sich, wie ein König an den grenzenlosen Raum gewandt. Und plötzlich spürte auch der Hund das unwiderstehliche Bedürfnis, sich anzuschließen. Aber

in seiner Kehle verdrehten sich die Laute zu einem hässlichen Geräusch, das wie das Krächzen eines Raben klang.

Als hätte der hingebungsvolle Gesang, der aus der universellen Gestimmtheit der Seele erklang, alle Ängste verlöschen lassen, versammelten sich plötzlich immer mehr Tiere um die Lichtung. Füchse, Dachse, Eichhörnchen, selbst eine Rotte Wildschweine, deren Bachen eifrig über ihre Kleinen wachten, kamen herbei. Am Waldrand tauchten sogar Rehe und Hirsche auf, die gewöhnlich sehr vorsichtig waren und sich schnell in die Flucht schlagen ließen. Alle lauschten andächtig.

»Willkommen zum Bankett des Himmels!«, verkündete Muni.

Von oben schwebte die Rabenbande ein und machte sich mit fröhlichem Gekrächze ans Festmahl. Selbst drei Falken flogen heran und ein Schwarm Fliegen. Aus den verborgenen Erdlöchern krochen Maulwürfe und kleine Mäuse, Käfer mit schillerndem Panzer, bleiche Würmer und ganze Heerscharen roter und schwarzer Ameisen. Schließlich ließ sich ein Adler auf dem größten Kadaver nieder.

Der Hund sah mit weit aufgerissenen Augen zu, bis ihm einfiel, dass Wildtiere es nicht mögen, wenn man sie lange ansieht. Er wandte den Blick ab, während er jedoch aus den Augenwinkeln beobachtete, was nun geschah. Obwohl es schön war, zu den Wölfen zu gehören, so war die Befriedigung, diesen heiligen Moment mit allen Tieren zu teilen, doch größer.

Groß und Klein, Freund und Feind stürzten sich auf das Mahl und schlugen sich gemeinsam den Bauch voll, denn es war genug für alle da. Jeder suchte sich sein Lieblingsstück aus, der eine nahm sich eine Keule, der andere die Leber, der Dritte ein Stück vom Ohr. Die Raben zum Beispiel fingen mit den Augen und der Zunge an, die Würmer hingegen mit den Innereien. Die Wölfe, die zum Festmahl gerufen hatten, warteten, bis sich alle satt gegessen hatten und fraßen als Letzte.

»Und nun ziehen wir weiter«, sagte Muni, kaum dass sie geendet hatten.

Dankbar verneigten sich die anderen Tiere vor diesen Geschöpfen, die man gerüchteweise kannte und fürchtete, aber so gut wie nie zu sehen oder zu hören bekam.

Der Hund hingegen sah sich um und wunderte sich, wie viel von diesen Köstlichkeiten noch übrig war. »Davon haben wir doch noch Tage zu fressen. Wollen wir nicht hierbleiben?«

Muni war jedoch schon aufgebrochen. »Das überlassen wir den anderen, die auch eine Arbeit zu verrichten haben«, sagte er mit einem feinen Lächeln. »Was uns angeht, sollten wir nicht länger als drei oder vier Nächte an einem Ort verweilen. Wenn etwas zu bequem ist, dann legt es dir Fesseln an. Wir sind Pilger auf der Fahrt zum Mondberg. Was wir auf dem Weg dorthin brauchen, finden wir auf dem Weg. Man muss nur weitergehen.«

DER RIESE

Nach dem großen Gewitter, der Nacht der Danksagung und dem Festmahl für die Tiere, die alle friedlich zusammenblieben, und der winzigen Geste der Achtung gegenüber den aufbrechenden Wölfen war der Hund trauriger als jemals zuvor. Diese Abfolge außergewöhnlicher Ereignisse hatte ihm gezeigt, dass er keineswegs einer von ihnen war und dies auch nie sein würde.

»Ich bin nicht wie ihr«, sagte er deprimiert zu Muni. »Ihr seid stark, still und geschickt. Alles, was ihr tut, hat Anmut. Ihr findet das Notwendige nicht nur für euch, sondern auch für andere. Ihr werdet von allen geachtet und kennt jeden Winkel des Waldes ...«

»Aber, mein Bruder, früher oder später wirst auch du ihn kennen.«

»Und warum nennt ihr mich dauernd ›Bruder‹?«, fauchte der Hund wütend. »Ich bin ein Hund, ihr seid Wölfe. Ich habe graue Augen, ihr gelbe. Ich spiele mit dem Knochen, den ihr mit euren Kiefern knackt. Ihr habt ein dichteres Fell und friert nie. Eure Pfoten sind trittsicherer als meine, und wenn du, obwohl du mein Großvater sein könntest, losläufst, habe ich Mühe, Schritt zu halten. Und vor allem ...« Er nahm seinen ganzen Mut zusammen, um mit der Wahrheit herauszurücken: »… ihr könnt diesen Gesang anstimmen, der das Schönste ist, was ich je gehört habe. Aber wenn ich versuche, mit einzustimmen, will er mir nicht aus der Kehle.«

»Der Gesang wird nicht von den Lippen geformt oder von der Kehle. Er ist Ausdruck einer Vision …«, versuchte Muni zu erklären. Doch mehr wusste auch er dazu nicht zu sagen.

»Ich kann nur bellen. Ich bin ein dummer Hund. Ich kann nicht mehr mit euch ziehen. Ich gehöre nicht zu euch!«

Muni verstand seine Trauer, wusste aber nicht, wie er ihn trösten sollte. »Heute machen wir einen kleinen Umweg«, entschied er schließlich. »Ich kenne einen Riesen, der in dieser Gegend lebt. Ihn werden wir aufsuchen.«

Der Riese stand einsam und gewaltig auf einem Hügel. Er besaß unzählige Arme, und seine Augen mit den ge-

schlossenen Lidern lagen direkt auf der harten, ver-
schrumpelten Haut. Sein langes grünliches Haar fiel bis
auf den Boden und schwang bei jedem Windstoß sachte
hin und her. Der Stamm hingegen reckte sich gerade und
unbewegt in die Höhe wie bei einem Geschöpf, das seit
Jahrhunderten in Meditation versunken war.

Seine ganze Gestalt strahlte Gelassenheit aus. Wenn
man sich ihm näherte, konnte man spüren, wie die Nach-
mittagshitze nachließ. Die Wölfe tauchten in den kühlen
azurblauen Schatten ein wie in einen See, als legte sich ein
sanfter Zauber über sie. Sie betteten sich zwischen die dicken Muskelstränge seiner Wurzeln. Ihre Lider wurden
immer schwerer, bis der Schlaf sie übermannte. Im Schatten des Riesen vergaß man leicht, wohin man unterwegs
war, weil man nichts weiter wollte, als hier liegen zu
bleiben.

Der Hund, der keinen Schlaf fand, ließ seinen Blick
nach oben wandern. Er bemerkte, dass sich dort zahlrei-
che Geschöpfe eingenistet hatten. Es erinnerte ihn an ein
großes Mietshaus, in dem jeder Bewohner seinen Geschäf-
ten nachging.

Er sah eine Eidechse den Stamm hinaufhuschen und
eine Spinne, die sich an ihrem Faden abseilte. Dort marschierte ein Trupp Ameisen, weiter oben tummelten sich
zwei Eichhörnchen. Er erkannte wenigstens dreizehn verschiedene Vogelarten, einen Schwarm Schmetterlinge und
eine dünne grüne Schlange, die ihren Leib um einen der
Äste gewunden hatte. Wären all diese Geschöpfe an einem
anderen Ort aufeinandergetroffen, hätten sie sich sicher
bekriegt, gebissen und gegenseitig aufgefressen. Aber

116

während draußen in der Welt das alte Katz-und-Maus-Spiel weiterging, galt im Schatten des Riesen nur ein Gesetz: Frieden.

Im Schutz seiner langen Schleier durfte man sich völlig sicher fühlen. Die Wölfe waren nach ihrer Mahlzeit pappsatt und schliefen den ganzen Tag über. Der Hund hingegen grübelte immer noch über sein Unvermögen nach, ohne eine Lösung zu finden. Hatte er sich nicht schon einmal an das Unaussprechliche gewandt, obwohl er nicht wusste, ob es so etwas gab? Warum also nicht einmal den Baum um Rat fragen?

»Man sagt, dass du Frieden schenkst, aber mein Herz ist immer noch aufgewühlt«, erzählte er dem Riesen. »Ich ziehe mit den Wölfen, aber an ihrer Seite fühle ich mich dumm und unfähig. Ich sehe, wie intelligent und schnell sie sind und wie sie mit ihren Reißzähnen geschickt Beute machen. Ist dies das Geheimnis des Lebens? Muss man stark sein? Wie machst du das denn? Was ist dein Geheimnis, das dir zu überleben hilft?«

Der Hund wartete. Die Sonne hatte ihren Weg über den Himmel vollendet, der Mond folgte ihr. Die Wölfe aber schliefen immer noch. Im ersten Morgengrauen erhob sich eine leichte Brise, die die Blätter des Baumes zum Sprechen brachte. Und mit einer zarten, feinen Stimme, wie man sie von einem Riesen nie erwartet hätte, gab er seine Antwort: »Dann bin ich ja noch dümmer und unfähiger als du!« Er schien beinahe zu lachen. »Ich habe auch keine Zähne, mit denen ich die Beute zerlegen könnte. Und ans Laufen ist nicht zu denken. Ich kann nicht einen einzigen Schritt tun. Wenn mir etwas gefällt, kann ich ihm

nicht folgen. Wenn ich angegriffen werde, kann ich nicht weglaufen. Ich habe keine Dornen, keine Gliedmaßen und kein Gift, um mich zu verteidigen. Und doch bin ich immer noch hier. Ich hatte ein sehr langes Leben. Ich bin das älteste Geschöpf des Waldes.«

»Aber wie bist du so groß und mächtig geworden? Woher nimmst du die Nahrung, um diesen gewaltigen Leib am Leben zu erhalten? Wer kümmert sich um dich? Wer gibt dir zu fressen, wenn du am Morgen aufwachst?«

»Ich wache morgens nicht auf und schlafe auch nicht am Abend ein. Ich lebe immer zwischen zwei Welten, halb wach, halb schlafend«, flüsterte der Riese. »Doch wenn sich in aller Frühe am fernen Horizont das rote Feuer der Sonne zeigt, dann spüre ich, wie sich in mir etwas regt. Dann stellen sich meine Blätter auf, und die Energie fließt von ihnen in meinen Stamm bis in die äußersten Spitzen meiner unterirdischen Beine – wenn nicht mein Geist unter der Erde ruht und meine Beine sich in den Himmel recken, wie es mir manchmal vorkommt. Dann durchströmt mich das Leben, als wäre es die Sonne selbst, die mich nährt.«

»Und was trinkst du? Hast du nicht auch ab und zu Durst?«

»Ja, auch ich verspüre Durst. Da unten fließt ein Fluss, den ich von meinem Wipfel aus sehen kann. Oft höre ich auch sein Wasser rauschen. Er ist nicht weit weg, aber ich kann trotzdem nicht zu ihm gelangen. Die Tiere, die in meinen Zweigen leben, begeben sich gerne dorthin. Ich aber bleibe hier und warte. Ich habe gelernt, mir nicht zu wünschen, was ich nicht habe, und das anzunehmen, was mir gegeben wird. Alles kommt mit der Zeit. Ich denke, dass meine Lebensart jemandem gefallen muss, vielleicht den Tieren, die mich als Zuhause gewählt haben und zwischen meinen Zweigen leben. Vielleicht sind sie es, die ein gutes Wort für mich einlegen. Denn hin und wieder bildet sich fern im Norden ...« – bei diesen Worten zitterte ein Zweig, der in diese Richtung wies – »... an einem Ort, den man Mondberg nennt, eine Wolke. Diese schwebt bis zu mir und ergießt sich über meine Blätter, sodass ich trinken kann. Dafür bin ich dankbar.«

Der Hund fragte sich, wie ein solches Dasein gut gehen konnte.

»Dann muss man also nicht stark sein wie Kalu, schnell wie Alina, ernsthaft wie Anah oder voller Weisheit wie Muni«, überlegte er. »Was ist denn deine Begabung?«

»Vertrauen ist die stärkste Gabe von allen. Ein Geschöpf, das Vertrauen hat, erreicht sofort sein Ziel«, raunte der Riese. »Sieh doch nur, wie viele verschiedene Arten es gibt, auf dieser Welt zu leben. Wenn du Vertrauen hast, dann wirst auch du dein Ziel erreichen.«

Das schenkte dem Hund neuen Mut. Denn wenn selbst ein unbewegliches und wehrloses Geschöpf überleben konnte, dann würde auch ein dummer Hund wie er letztlich einen Weg finden, sein Leben zu leben.

DIE KUNST DER JAGD

Ein starkes Licht erhellte die Nacht, das nicht vom Himmel, sondern auf der Erde strahlte. Es sah aus, als wären dort in der Ebene Sterne auf die Erde gefallen. Es waren die Lichter einer Stadt, die sich in einiger Entfernung befand. Da sie auf ihrem Weg lag, machte Kalu den Vorschlag, sie zu durchqueren. Muni aber war absolut dagegen. Sie mussten die Stadt umrunden, denn für die Wölfe steckte sie voller Gefahren. Den Hund hingegen erinnerten die lebhaften Lichter an die Wunder, die die Menschen wirkten, und für einen Moment verspürte er Heimweh.

Das Rudel schlug den Weg über ein seitlich gelegenes Tal ein und lief am Fluss entlang. Plötzlich blieb Muni stehen. Eines seiner Ohren drehte sich nach links, als wolle es einen Ton auffangen. Jeder Zoll seines Körpers signalisierte Anspannung.

Der Hund hörte nichts außer dem Krächzen der Raben über ihnen.

»Wir müssen diesen Abhang hinauf.«

»Nein, Muni«, sagte Kalu. »Wir sind müde. Lass uns doch um den Berg herumgehen und unten bleiben. Das ist weniger anstrengend.«

Die Raben krächzten weiter. Muni spitzte die Ohren.

»Odin meint, dass wir da hinaufmüssen«, beharrte er.

»Wer?«

»Der Anführer der Raben.«

»Die Raben haben einen Anführer?«, fragte der Hund ungläubig. »Für mich sehen diese schwarzen Vögel alle gleich aus.«

»So scheint es, wenn man nicht genau hinschaut. Jedes Tier hat seine Eigenheiten, jeder Rabe seine Persönlichkeit. Odin zum Beispiel hat ein weißes Auge, und er ist wirklich ein ganz besonderes Geschöpf.«

Muni begann mit dem Aufstieg. Die anderen liefen keuchend hinterher. Als sie oben angelangt waren, sahen sie auf der anderen Seite des Berges einen weißen Fluss, der von Norden her kam und sich zwischen den geschwungenen Hügeln durchschlängelte.

»Sag mir, was du da unten siehst«, forderte Muni den Hund auf. »Meine Augen sind nicht mehr so gut wie früher.«

»Einen milchigen Fluss«, antwortete der Hund.

»Und sonst nichts?«

»Moment mal …«

Der Hund hatte eine Bewegung wahrgenommen. Vor dem Hintergrund des glitzernden Wassers sah er plötzlich die Silhouetten von sieben oder acht Tieren, die dort tranken.

»Hirsche oder Rehe«, meinte der Hund. »Aber wie hast du das nur angestellt zu wissen, dass sie da sind? Deine Augen sind nicht gut, aber du kannst durch Berge hindurchsehen!«

»Odin hatte recht …«, murmelte Muni. »Wie sieht denn ihr Geweih aus? Breit und flach oder verzweigt wie ein Baum?«

»Breit, scheint mir.«

»Dann sind es Damhirsche. Weniger gefährlich, aber schneller.«

Das Wild bewegte sich wie ein Leib mit vielen Köpfen. Einige der Tiere hielten Wache und ließen ihre Blicke in alle Richtungen wandern, während die anderen tranken.

»Wirklich schön, dieses Damwild!«, rief der Hund begeistert.

»Ja, schön sind sie, aber nicht besonders klug«, sagte Kalu. »Lange Beine, kurzer Verstand. Zuerst laufen sie weg, dann halten sie an. Sie rennen vor allem und jedem weg. Einmal habe ich ein ganzes Rudel vor einem Busch fliehen sehen!«

Die Wölfe lachten genüsslich.

»Schschsch!«, zischte Muni scharf. Dann wandte er sich an den Hund. »Es ist an der Zeit, dass du eine neue Kunst erlernst, Bruder. Du steigst nun diesen Abhang herunter und durchquerst den Fluss. Das kannst du ja mittlerweile. Dann tauchst du unerwartet am anderen Ufer auf. Sie werden einen Schreck bekommen, und wir warten dann unten auf sie.« Er wies mit der Nase auf ein paar Felsen.

»Ihr werdet doch nicht diese schönen Geschöpfe angreifen?«, fragte der Hund entsetzt.

»Dann geh du, Alina«, befahl Muni.

Ohne ein weiteres Wort glitt Alina, die Schnellste des Rudels, davon wie ein Schatten.

Bald darauf erblickte ein junger Hirsch am anderen Ufer eine furchteinflößende Schnauze mit gefletschten Zähnen. Ohne auch nur eine Sekunde nachzudenken, rannte er los und die anderen Rehe und Hirsche hinterher, genau auf den Punkt zu, an dem die Wölfe lauerten. Sobald sie die Falle bemerkten, teilten sie sich auf. Muni war nicht mehr so geschickt wie einst. Der Hirsch, der ihm entgegenlief, wich ihm mühelos aus und verschwand. Der draufgängerische Kalu rannte dem größten männlichen Tier hinterher, der dem Geweih nach zu urteilen der An-

führer war. Er verfolgte ihn eine ganze Weile, doch am
Ende entwischte er ihm. In der Zwischenzeit hatte sich
auch der Rest der Herde wieder beruhigt, und es hatte wenig Sinn, ihnen hinterherzulaufen, wenn das Überra-
schungsmoment fort war.

Nur ein junges Reh mit braun-weiß geflecktem Fell
stand noch da und schaute. Unbegreiflich, dass es nicht
auch geflohen war. Alina versuchte, es von hinten anzugreifen, aber das Reh tat vier große Sprünge und brachte
sich außer Reichweite ihrer Fangzähne. Dann blieb es wieder stehen und sah die Wölfe mit seinen großen braunen
Augen an.

Anah versuchte, es von der Seite zu erwischen, aber es
sprang mit seinen langen Beinen schnell über einen Berg-
kirschenbusch. Dabei schwebte es eine Weile in der Luft.
Es schien mit seinen Verfolgern zu spielen, wie sie ihm da
und dorthin nachliefen. Manchmal ließ es sie herankom-
men, dann aber nahm es Anlauf und sprang über ihre Köp-
fe hinweg. Jede seiner Bewegungen war so graziös, ener-
gisch und schön, dass der Hund drauf und dran war, sich
in das Reh zu verlieben. Er hoffte von Herzen, dass die
Wölfe es nicht erbeuteten. Und tatsächlich gaben sie bald
mit hängender Zunge auf. Das Reh hatte gewonnen.

In diesem Augenblick geschah etwas vollkommen Unerwartetes. Das Reh ging ruhig auf den Hund zu. Ihre Na-
senspitzen berührten sich fast. Es sprang hierhin, dahin
und stemmte die Hufe in den Boden, um endlich davon-
zulaufen … Doch es gelang ihm nicht.

Der Hund sah die Rehkeule vor sich auf und ab tanzen.
Da erfasste ihn ein blindwütiger Instinkt und brachte ihn

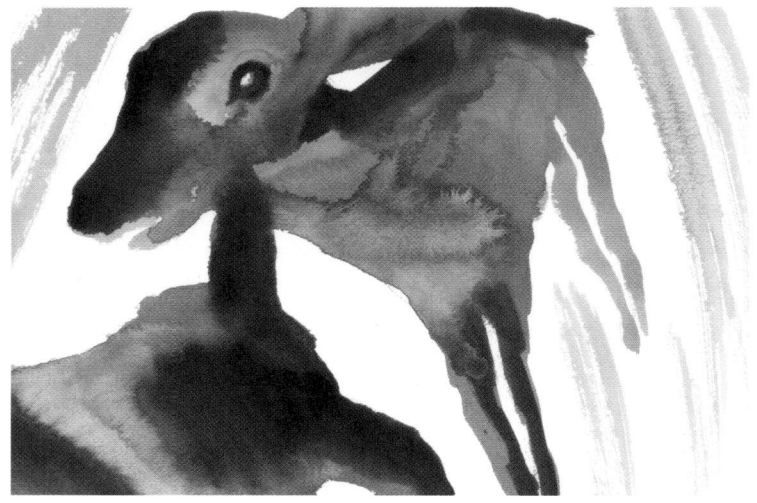

dazu, sich umzuwenden ... Er schlug seine Zähne in das Reh und spürte, wie es auf ihn fiel. Einer der Hufe traf ihn an der Nase. Ein rasender Schmerz durchzuckte ihn, aber er ließ nicht los. Das Reh rollte auf die Erde, und keine Sekunde später war Kalus schwarzer Schatten über ihm. Seine Fänge rissen ihm die zarte Kehle auf. Dabei lag in den Augen des Wolfes weder Hass noch Mitleid, sondern nur absolute Entschlossenheit. Das Reh blieb reglos liegen, als würde es schlafen.

Erst da erwachte der Hund aus seiner Rage und fand sich vor diesem wehrlosen Wesen wieder. Die weit aufgerissenen Augen des Rehs sahen ihn voll unendlicher Zärtlichkeit an. Die Jagd war zu Ende.

»Kompliment!«, meinte Kalu zum Hund gewandt. Der Wolf keuchte immer noch, aber noch nie hatte in seinen Worten so viel Achtung gelegen. »Das gehört dir.«

Doch der Hund bewegte sich nicht. Ihm sollte das Reh gehören, das noch nicht einmal ausgewachsen war. Ein Geschöpf, das friedlich im Wald nach Grashalmen suchte und niemandem wehtat …

»Los, fang schon an. Worauf wartest du?«, sagte Kalu.

Die Raben, die eben noch am Himmel schwebten, hatten sich auf einem Baum in der Nähe niedergelassen und warteten auf ihren Anteil.

Der Hund erschauerte. Nie hatte er sich gefragt, wie die Wölfe an ihre Beute kamen, vielleicht, weil er es gar nicht wissen wollte.

»Jetzt habe ich begriffen, wer ihr wirklich seid!«, fauchte er mit unerwarteter Wut. »Ihr seid genau das, was ich gefürchtet habe, als ich euch zum ersten Mal begegnet bin. Ihr seid keine Pilger, ihr seid Mörder!«

»Wir haben doch nur ein Reh geschlagen. Der Rest des Rudels läuft immer noch frei herum.«

»Ich dachte, euch wird alles geschenkt. Aber wenn das so ist, gehe ich nicht mehr mit euch. Das ist kein Leben für mich. Schluss! Ich kehre zu den Menschen zurück.«

»Wie du willst«, brüllte Muni aufgebracht.

Ohne ihm auch nur einen weiteren Blick zu schenken, stürzten die Wölfe sich auf die Beute. Der Hund aber machte kehrt und lief geradewegs auf die lebendigen Lichter der großen Stadt zu, die er in der Ferne erblickt hatte.

DRITTER TEIL
DAS GEHEIMNIS

DIE STADT

Der Wald lichtete sich und verwandelte sich bald in eine weite Fläche aus Feldern. Die schmalen Wege dazwischen führten zuerst auf eine Schotterstraße, die auf eine Teerstraße zulief. Und dann tat sich die große, breite Straße auf, die direkt in die erwachende Stadt führte. Es war nicht seine Stadt, doch der Hund hatte das Gefühl, endlich nach Hause zu kommen. Der ebene Gehsteig, auf dem er lief, hatte etwas unendlich Vertrautes. Er schien sich sanft an seine Pfoten zu schmiegen, die so viele Wochen durch den unwegsamen Wald gestreift waren.

Die gewundenen Linien wichen geraden Konturen, die Bäume mit der zerfurchten Haut machten den Straßenlaternen Platz, die alle gleich aussahen. Gras und Blumen und Schmetterlinge verschwanden. Am östlichen Himmel ging die Sonne auf, aber niemand schenkte ihr Beachtung.

Zu dieser frühen Stunde waren noch nicht viele Autos unterwegs. Zwei Lastwagen fuhren am Hund vorbei. Er sah die Schnauzen der Schweine, die sich dicht aneinander durch die Gitterstäbe drängten. In ihren blicklosen schwarzen Augen lag ein Ausdruck von Verlassenheit und Verzweiflung. Wo sie wohl hinwollten? Pilger schienen das jedenfalls nicht zu sein.

Während seiner Zeit mit den Wölfen hatte der Hund gelernt, sich weitgehend unsichtbar zu machen, und so gelangte er ins Stadtzentrum, ohne allzu sehr aufzufallen. Er hatte keine Pläne, doch da er nun ein wenig Vertrauen in den Lauf der Dinge entwickelt hatte, wollte er einfach sehen, was passieren würde. Denn irgendetwas passierte immer. Das hatte er gelernt.

Als er sich umschaute, bemerkte er, dass auf dem Gehsteig überhaupt nichts wuchs. Also marschierte er weiter, bis er den großen Marktplatz der Stadt erreichte. Dort hielt er sich ein wenig abseits, um zu sehen, aber nicht gesehen zu werden. Aus einem Laden strömte der köstliche Duft frisch gebackenen Brotes, im Schaufenster eines anderen baumelte verlockend ein Kranz von Würsten. Aber er durfte nicht hinein: Läden waren nur für Menschen bestimmt, und das galt auch für ihre Höhlen mit den geschlossenen Türen.

Er musste sich einen neuen Herrn suchen, so viel war klar.

Aufmerksam beobachtete er die Passanten. Er studierte sie gründlich, einen nach dem anderen, wobei er herauszufinden versuchte, wer ihn aufnehmen würde. Da war der wankende Stadtstreicher, der sich vom gestrigen Rausch erholte. Er fasste einen gut gekleideten Mann mit Koffer ins Auge, dessen Schuhe in einem fort klick-klick-klick machten. Doch seine schnellen Schritte zeigten, dass er keine Zeit hatte. Drei Kinder mit Schulranzen kamen vorbei, die für den Unterricht ein bisschen spät dran waren. Der Hund hätte gerne mit ihnen gespielt, doch als er sich näherte, bekamen sie Angst und liefen davon. Aus ei-

nem geparkten Auto stieg eine junge Frau auf hohen Absätzen, die sie größer erscheinen ließen, als sie war. Ein starker Duft von Tausenden von Blüten umwehte sie, der dem Hund in der Nase biss und vermutlich nicht einmal den Bienen gefallen hätte. Sie trug ein rotes Kleid und sage und schreibe drei Halsbänder. Auch ihre Nägel und Lippen waren tiefrot, als hätte sie gerade ein Beutetier gerissen.

Unbeweglich wie eine Statue blieb der Hund stehen und schaute, horchte, schnupperte. Zahllose Menschen gingen an ihm vorüber, aber keiner sagte ihm zu. Die Menschen erschienen ihm jetzt seltsam, so ganz anders als die Geschöpfe, die er im Wald kennengelernt hatte. Keiner war nackt. Alle trugen bunte Kleider, Schuhe, Hüte und allerlei andere Dinge mit sich wie Taschen, Köfferchen, Schirme und Stöcke … Der Hund war stolz darauf, dass er so etwas nicht brauchte. Er genügte sich selbst, wie Muni es ihm gezeigt hatte.

Er schloss die Augen, um dem Herzschlag der Stadt zu lauschen. Was stimmte hier nicht? Alles war überreizt und hektisch. Das Dröhnen der Motoren, die Schritte auf dem Asphalt, die Türen, die sich ständig öffneten und schlossen, das Schrillen der Telefone. Und alle Menschen bewegten sich zu diesem Takt, möglicherweise ohne es zu bemerken. Früher waren ihm die Menschen wie Götter erschienen. Das war vorbei. Der Herzschlag der Natur klang anders. Er hörte nie auf und pulsierte im Hintergrund immer weiter und weiter.

Auf der gegenüberliegenden Seite des Platzes ließ sich ein Musiker mit seiner kleinen Hündin nieder und fing an, an seiner Mandoline herumzuzupfen. Er spielte ein schönes Lied, dem niemand zuhörte, auch wenn man ihm hin und wieder eine Münze in den Hut warf.

Der Hund lief mit tänzelnden Schritten hinüber und stellte sich mit gerecktem Schwanz vor ihn hin. Zuerst beschnüffelte er die Hündin, dann den Musiker, worauf dieser ihm ein Lied widmete.

Schöner Fremder, du schneist hier herein
mit stolzem Blick – willst du bei uns sein?

Bist du ein Wolf oder doch nur ein Hund?
Und macht dich nicht wie uns der Hunger wund?

Wenn dir also gefällt unser Lied,
komm doch einfach mit uns mit.

Ich singe falsch und mein Gewand hängt in Fetzen,
aber wenn du mitkommst, kriegst du was zu fressen.

Als der Musiker und die Hündin sich erhoben und weggingen, lief der Hund ihnen nach.

Unzählige Treppen stiegen sie hinauf, bevor sich eine Tür öffnete und sie in einer winzigen Wohnung standen, die wohl länger nicht gelüftet worden war. Es gab nur ein Zimmer mit Küche. Auf dem kleinen Balkon wuchsen einige Pflanzen, eingepfercht in ihre Blumentöpfe, was den Hund zum Lachen brachte. Tief unten sah man einen Baum, dessen Krone vollkommen rund gestutzt worden war. Selbst die Bäume wurden hier gezähmt.

Hier wäre das Leben leicht. Gefahrlos. Ohne das Risiko, sich auf einen Skorpion zu setzen. Ohne dass man sich die Rute um den Körper wickeln musste, um es warm zu haben. In der Wohnung war es weder kalt noch warm. Nicht ein Windhauch regte sich. Hinter den geschlossenen Fenstern flogen die Vögel vorbei. Nachdem er alles gründlich beschnüffelt hatte, blieb dem Hund nichts anderes zu tun, als auf dem Teppich einzuschlafen.

Das große Ereignis des Tages war die abendliche Rückkehr des Musikers. Die kleine Hündin erkannte ihn am Schritt, lange bevor er die Treppe heraufkam. Gehorsam stellte sie sich vor die Tür und wedelte mit dem Schwanz, wenn er hereinkam. Auch der Hund erinnerte sich seiner Pflichten, stand auf und begrüßte ihn, wie er es damals mit seinem Herrn gemacht hatte.

»Komm! Platz! Gib Pfötchen«, sagte der Musiker dann.

Und der Hund führte jedes Kommando aus, damit der Musiker zufrieden war.

»Du bist wirklich ein braver Hund!«

»Und du bist ein braver Mensch«, dachte der Hund. »Du gibst dich mit wenig zufrieden.«

Nach dem Abendessen legte der Musiker dem Hund eine improvisierte Leine um und ging mit ihm und der Hündin spazieren. »Morgen kaufe ich dir ein Halsband. Magst du so eines?«

Langsam schlenderten sie über den Gehsteig dahin und blieben an jedem Blumenbeet stehen. Nur dort roch man ein bisschen von der Erde. Alle Straßen sahen gleich aus und waren mit etwas Schwarzem geglättet, aber mittlerweile wusste der Hund, dass unter dem Asphalt der Stadt, unter ihren Straßen und Plätzen, etwas viel Größeres, Lebendigeres lag. Und dieses Lebendige rief ihn nun.

Die Autos schossen in alle möglichen Richtungen und hinterließen stets einen bestialischen Gestank nach Feuer, der über der ganzen Stadt lag wie ein schlechtes Omen. Eine tiefe Unruhe erfasste den Hund.

Vor seinem inneren Auge sah er stets die Wölfe, und zwar nicht nur im Traum. Sie lebten in Harmonie, ohne sich selbst große Probleme zu bereiten, ohne eine Spur zu hinterlassen. Und dann war da noch dieser Gesang, der ihm nicht mehr aus dem Kopf gehen wollte …

Wenn der Musiker abends nach Hause kam, setzte er sich vor eine Glasscheibe, hinter der unzählige Bilder in Hunderten von Farben vorüberzogen. Dort blieb er, bis er schlafen ging. Es gab kaum etwas, das der Hund von ihm lernen konnte. Dieses Leben kannte er bereits. Nach den weiten Räumen, die er durchmessen hatte, konnte er sich einfach nicht vorstellen, wieder jeden Tag an der Leine zu laufen und jede Nacht in der engen Wohnung zu schlafen.

Am dritten Morgen kaute er lustlos an seinem Trockenfutter, als ihm ein Gedanke kam. »Woher kommt eigentlich das Fressen, das er uns jeden Tag gibt?«, fragte er die Hündin.

»Ach, lass doch.«

»Nein. Ich möchte das wissen.«

»Von den Schweinen.«

»Ah ja? Und wie werden sie zu diesen trockenen Dingern?«

»Weit draußen vor der Stadt in einer abgelegenen Gegend steht ein großes Gebäude. Dort werden sie hingebracht. Sie kommen lebendig rein und tot raus. Ich habe das mal mit angesehen.«

»Und wie sterben die Schweine?«

»Die Menschen bringen sie um.«

»Die Menschen?«

»Na, sicher doch.«

Der Hund hatte die Menschen nur gesehen, wenn sie Lebensmittel aus dem Kühlschrank nahmen oder mit vollen Taschen aus dem Supermarkt zurückkehrten. Er hatte sich nie gefragt, woher diese Sachen stammten.

»Das ist also die Wahrheit«, sagte der Hund, weil er sie sofort erkannte. »Auch sie töten, aber heimlich. Na gut, wenn das so ist, werde auch ich lernen, wie die Wölfe zu leben. Und wenn ich kein Wild erjagen kann, muss ich eben hungern.«

Er ließ die Schüssel mit dem Trockenfutter stehen.

»Frisst du das nicht?«, fragte die Hündin.

»Nein«, sagte der Hund. »Heute habe ich keinen Appetit.«

Gegen Mittag kam der Musiker wieder nach Hause. Er hatte den ganzen Vormittag über auf den Plätzen der Stadt gespielt und die Taschen voll Geld. Außerdem hatte er ein schönes neues Halsband für den Hund gekauft. Er steckte den Schlüssel ins Schloss, öffnete die Tür … und diesen Moment passte der Hund ab, um ihm durch die Beine zu schlüpfen und die Treppe hinunterzulaufen.

»He, wo willst du denn hin? Komm zurück!«, rief der Musiker.

»Nein, kommt ihr mit mir«, bellte der Hund. »Folgt mir, wenn ihr wollt. Ich muss zum Mondberg.«

Vielleicht verstand der Musiker, was der Hund sagte,
doch er rührte sich nicht vom Fleck. Der Hund jedoch lief
hinaus auf die Straße und rannte immer weiter, bis er die
Stadt hinter sich gelassen hatte, bis die Erde unter seinen
Füßen wieder weich wurde und die Straßenlaternen den
Bäumen Platz machten. Und niemand sah ihn jemals
wieder.

DAS ERDBEBEN

Als er den Stadtrand erreichte, versuchte der Hund, seinen Schatten zu finden, damit er ihm zeigte, wo Norden war. Er wusste nicht, ob er die Wölfe wiederfinden würde oder den Alten Weg, aber er lief einfach drauflos, ohne sich groß Gedanken zu machen, bis er ein wildes Krächzen hörte, das ihm bekannt vorkam. Es war Odin mit seiner schwarzen Bande. Die Raben kreisten direkt über seinem Kopf und vollführten fantastische Kunststücke. Manchmal drehten sie sich auf den Rücken und flogen mit dem Bauch nach oben, als wollten sie ihm zeigen, was es bedeutet, frei zu sein. Nach einigem Wirbeln und Radschlagen flogen sie in gerader Linie auf einen gelb leuchtenden Baum im Herbstkleid zu.

Der Hund war ganz in Gedanken versunken und trabte ihnen nach. Er konnte den Wölfen nicht mehr folgen, sich von ihnen führen und schützen lassen, im Schatten ihrer Weisheit leben, fressen, was sie erjagten, und sich von ihnen einen Unterschlupf suchen lassen. Das war vielleicht anfangs angemessen, als er ein unerfahrenes Rudelmitglied war: Irgendwann aber wurde man für das Rudel zur Belastung. Wenn sie ihn, den stets langsamen Zweifler, mitschleppen mussten, würden sie nie ans Ziel gelangen.

Wenn er zu ihnen gehören wollte, musste er dem Rudel etwas zurückgeben. Er musste zum Wolf werden. Allerdings schien es ihm schwierig, diese Verwandlung zu bewerkstelligen. Wie sollte er, ein Stadthund, diese lautlose, entschiedene Bewegung erlernen, die von absoluter Entschlossenheit getrieben war? Er war es gewöhnt, ständig etwas geschenkt zu bekommen und gestreichelt zu werden. Er bellte nur in der Sicherheit seiner vier Wände. Niemand hatte je etwas von ihm verlangt, außer vielleicht zu gehorchen, ein bisschen mit dem Schwanz zu wedeln, freiwillig Gassi zu gehen und lustige Kapriolen zu schlagen. So königlich wie ein Wolf würde er nie werden.

Als er oben von den Hügeln aus die Stadt betrachtete, wirkte sie wie ein riesiger Ameisenhaufen. Plötzlich kam sich der Hund wie jemand vor, der sein Leben lang den Kopf in den Sand gesteckt und geglaubt hatte, die ganze Welt würde von Ameisen regiert. Doch es gab ein Leben, das sehr viel größer war als das der Menschen. Unter den Städten, darüber und darum herum. Es existierte einfach überall, wenn man es wahrnehmen konnte. Die Menschen aber schlossen sich in ihren Festungen ein und sahen es nicht.

Als der Hund an dem gelb leuchtenden Baum ankam, waren die Raben schon weitergezogen. In der weichen Erde unter dem Baum jedoch entdeckte er Spuren, die denen Munis ähnelten. Wo waren dann wohl die anderen? Erst versuchte er, sie mit der Nase zu erschnüffeln. Dann aber setzte er einfach seine Pfoten in die Spuren, die der Wolf hinterlassen hatte, und er spürte, wie er plötzlich mühelos vorwärtskam. Er lief an einem kleinen See vorbei … und da waren sie, seine Pilgergefährten, nicht einer, sondern alle vier, die im Gänsemarsch hinter Muni hertrotteten.

Der Hund hatte die vorgebahnte Spur benutzt und auf diese Weise das Geheimnis des mühelosen Gangs der Wölfe erlernt. Einen Augenblick später sprang er vor Glück schwanzwedelnd um sie herum.

»Ich habe versucht, sie ein wenig zu zügeln, weil ich wusste, dass du zurückkommen würdest«, meinte Muni. »Aber am Ende haben sie mir schon nicht mehr geglaubt.«

Der Hund gesellte sich zu Kalu, und als sie nebeneinander herliefen, berührten sich ihre Nasen.

»Gut gemacht, Hund!«, sagte Kalu. »Wie hast du uns denn gefunden?«

»Ich bin eurer Eskorte gefolgt, den Raben!«

»Du bist also doch nicht doof! Siehst du, am Ende bist auch du zum Wolf geworden!«

»Ahuuuuuuuuu!«, heulte der Hund. Und diesmal kam der Laut mühelos von tief innen, und die anderen Wölfe fielen ein.

Sie waren an einem Bergkamm angelangt und schossen übermütig auf der anderen Seite wieder hinunter, alle zusammen wie ein Vogelschwarm, den ein warmer Luftstrom trägt, wie ein Schwarm Fische im sprudelnden Bergbach. Die Welt pulsierte um sie herum, und der Weg gab ihren Beinen den Rhythmus vor.

Vollkommen wach und glücklich überließ sich der Hund dem Leben. Der Alte Weg rief nun auch ihn, und er

ließ sich führen. Inmitten des Rudels lief er so schnell, wie er noch nie gewesen war. Er stürzte die nassen Abhänge des Waldes hinunter, schmiegte sich an die Berghänge und spürte die spitzen Stiche der Steine unter den Pfoten. Eine

Symphonie unterschiedlichster Sinneswahrnehmungen pulsierte durch seinen Leib. Nicht ein einziges Mal musste er überlegen, wohin er seine Pfoten setzte: Er war viel zu schnell, um darüber groß nachzudenken.

Vertrauensvoll ließ er sich gehen. Seine Rute peitschte frei hin und her, der Atem des Windes strömte in seine Nase, während die Tannen zur Seite wichen, um ihm den Weg freizugeben.

Bei allen war die Lebensfreude größer als die Angst, gehört und gesehen zu werden. Gemeinsam heulten sie dem Wind stolz die verbotenen Worte entgegen: »Hört mich an! Ich – bin – daaaaaaaa!«

Sie erklommen soeben den Abhang auf der anderen Seite des Tales, als sie spürten, wie unter ihren Pfoten die Erde bebte.

Sie liefen weiter, während der Wald zu schwanken begann. Wie Pfeile schossen sie unter den Bäumen hervor auf eine Lichtung, gerade in dem Moment, in dem sich gewaltige Felsbrocken zu lösen begannen. Kalu, der den anderen vorauslief, versuchte, ihnen auszuweichen, wobei er seine immense Kraft nutzte, um seinen Schritt nochmals voranzutreiben. Muni war zu alt, um es ihm gleichzutun. Er lief im gleichen Trott weiter, den Hund unmittelbar hinter sich. Alina und Anah folgten ihnen.

Das Unglück wollte es, dass einer der großen Steine auf einen Felsblock prallte und seine Richtung änderte. Nun war er hinter Kalu und überrollte ihn. Der schwarze Wolf überschlug sich in der Luft und stürzte den Abhang hinunter.

Sobald sich die Staubwolke gelegt hatte, setzten die Gefährten nach. Aber Kalus Augen konnten sie nicht mehr sehen, seine Ohren nicht mehr hören, wie sie seinen Namen riefen. Von Kalu war nur sein toter Körper übrig geblieben, der von seinem dichten schwarzen Pelz bedeckt war.

»Gehen wir«, sagte Alina zum Hund. »Worauf wartest du?«

Der Hund war tief in Gedanken versunken. »Wo ist denn nun das Geschöpf hin, das ich kannte?«, fragte er sich. »Eben noch haben wir uns so gut verstanden! Jedes einzelne Haar ist noch da, auch die Augen, die vier Pfoten und der Schwanz. Und doch ist der Kalu fort, den ich kannte. Das, was in ihm lebte und leichter und unsichtbarer als Luft ist, ist davongeflogen. Dann ist es das, was am allerkostbarsten ist, was ich auch in mir wertschätzen sollte …«

Mit einem Mal wusste der Hund, dass nichts wieder so schön und sorglos sein würde wie jene Sommertage, an denen sie zusammen durch den Wald gelaufen waren. Die Tage waren immer noch angenehm, aber die herbstlichen Nächte wurden allmählich unfreundlicher, und ein kühler Wind ließ ihn frösteln.

Nachdem die Erde gebebt hatte, kehrte wieder Stille ein. Am Himmel leuchteten die Sterne groß und strahlend wie immer, bis ein schwarzer Schleier sie fortwischte.

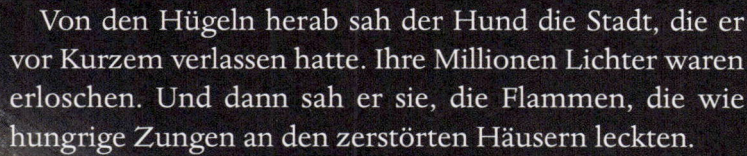

Von den Hügeln herab sah der Hund die Stadt, die er vor Kurzem verlassen hatte. Ihre Millionen Lichter waren erloschen. Und dann sah er sie, die Flammen, die wie hungrige Zungen an den zerstörten Häusern leckten.

Hier waren Steine zur Erde gestürzt, dort war ein Freund gestorben. Die Stadt in der Ferne war eingestürzt. Die Berge aber standen noch immer an ihrer Stelle wie zuvor.

DER HUNGER

Der Wind kam nunmehr von Norden. Er trug den Geruch von Schnee und dichten Tannenwäldern mit sich. Der Hund nahm ihn wahr, sobald er die Augen schloss. Obwohl der Schnee noch nicht gekommen war, bereiteten sich die Bäume auf ihre Weise darauf vor. Zuerst veränderte sich ihre Farbe, dann warfen sie ihr Laub ab. Überall im Wald raschelten die trockenen Blätter.

Schon seit einiger Zeit hatten sie keine menschliche Siedlung mehr gesehen, noch nicht einmal aus der Entfernung. Sie waren über den langen Grat einer Bergkette gezogen, und als sie diese überwunden hatten, öffnete sich vor ihren Augen eine unübersehbare Ebene voller Seen und Sümpfe, über denen dichte Nebelfetzen hingen. Überall war Wasser zu sehen und nur wenige Tiere, von den Vogelschwärmen einmal abgesehen, die sich beim besten Willen nicht erbeuten ließen.

Hier machte sich die Abwesenheit des mutigen Kalu bemerkbar, der am Himmel und im Fluss Kreaturen aufzuscheuchen verstand, deren Namen der Hund nicht einmal kannte, und so seinen Gefährten stets eine köstliche Mahlzeit bescherte.

Hin und wieder bemerkten sie in den Nebelschwaden Herden von Tieren, die scharfe Hufe und Hörner hatten.

Sie waren zu groß für ein Rudel von drei Wölfen und einem Hund, der die Kunst der Jagd erst noch erlernte. Es konnte eine ganze Woche vergehen, ohne dass sie etwas zu fressen fanden. Der Hunger schnürte ihnen den Magen zusammen. Doch gerade der Hunger war es, dieser Wolfshunger, der ihren Geist von jeder Angst befreite. Nun griffen sie mit wütender Entschlossenheit an. Wehe dem, der ihren Weg kreuzte!

Wenn es kein Fleisch gab, wenn sie nicht einmal einen Maulwurf fingen, waren die Wölfe gezwungen, sich mit anderen Dingen zufriedenzugeben. Glücklicherweise war da Muni, dessen Erfahrung ihn nicht nur Tiere, die man fressen konnte, erkennen ließ, sondern auch nahrhafte Pflanzen. Alina erzählte eines Abends, dass Muni die ganze Welt durchquert hätte mit keinem anderen Gepäck als seinen Pfoten und seinem Wissen. »Je mehr du weißt, desto weniger schleppst du mit.«

Aus der Erde wuchsen nun Pilze hervor. Muni wusste, welche genießbar waren – die braunen, die man unter den Blättern kaum sehen konnte – und welche giftig waren – die mit den lebhaften, verlockenden Farben. Einmal hieß Muni sie gar, Knollen aus der Erde zu graben, die den Hunger stillen sollten. Bei einer seiner seltenen Erklärungen erzählte der alte Wolf, dass er einst einem geschickten Wildschwein tagelang heimlich durch den Wald gefolgt war und, statt es anzugreifen, ihm seine Gewohnheiten abschaute.

»Wenn diese Knollen für das Wildschwein gut sind«, meinte er, »sind sie auch für den Wolf geeignet. So verschieden sind wir nämlich gar nicht.«

»Gut gesprochen, Muni«, sagte der stets respektvolle Anah.

Eines Tages entdeckte der Hund beim Herumstöbern ein schillerndes Blitzen in einem Weiher. Langsam patrouillierte er am Ufer entlang, hielt an und stürzte sich plötzlich kopfüber ins Wasser. Das Wasser begann zu schäumen, als der Fisch verzweifelt versuchte, sich aus seinen Fängen zu befreien. Der Hund zog ihn jedoch heraus und warf ihn ans Ufer. Er brachte es noch nicht über sich, ihn zu töten, aber immer wenn der Fisch versuchte, zurück ins Wasser zu gelangen, schob er ihn mit der Pfote zurück, bis er sich nicht mehr bewegte.

Ein schöner großer Fisch war eine seltene Köstlichkeit. Der Hund wusste, dass Muni Fische über alles liebte. Stolz auf seine Beute ließ er den Fisch liegen und rief seine Gefährten. Sie dösten in der Sonne auf einem trockenen Felsen. Da er sie nicht dazu bringen konnte, aufzustehen, legte er sich neben sie, ohne die schöne Überraschung zu erwähnen.

Er genoss diesen Augenblick der Ruhe, bis er plötzlich ein Krächzen vernahm. Die hässliche Stimme verdross ihn.

»Kraah-ha«, hörte er plötzlich das Rufen eines Weibchens.

Der Hund lauschte aufmerksam.

»Kraah«, verkündete der erste Vogel wieder.

»Kraah-ha-ah!«, fiel ein dritter ein.

»Kraah-ha, kraah-ha«, ließen sich vier oder fünf Stimmen vernehmen, die offensichtlich in heftige Diskussionen verstrickt waren.

Neugierig spitzte der Hund die Ohren. Plötzlich schien er zu verstehen, worum es ging.

»Kraah-vorwärts, beeilt euch. Worauf kraah-wartet ihr denn noch?«, krächzte die erste Stimme lauter als alle anderen. »Kraah-müssen wir weg sein, bevor die Schlafmützen aufwachen.«

Der Hund sah, wie die Raben über einem nahen Busch aufstiegen, und sprang auf. Unter wütendem Gebell stürzte er hinüber zum Teich. Sein Bellen weckte Muni, der wissen wollte, was da los war. Aber es war keine Zeit, ihm etwas zu erklären.

Seine Lungen schienen platzen zu wollen, als der Hund am Wasser ankam. Zu spät! Die Raben hatten sich den

Fisch geschnappt und trugen ihn durch die Luft davon. Mit einem letzten verzweifelten Satz erwischte der Hund den langsamsten unter ihnen am Flügel. Er hatte ein weißes Auge.

In diesem Augenblick kamen auch Muni und die anderen Wölfe an.

»Diebe!«, bellte der Hund. »Ich hatte für dich, Muni, so einen schönen fetten Fisch gefangen, und diese hinterhältigen Vögel haben ihn weggeschleppt.«

Der Rabe schnatterte beleidigt, aber der Hund war so wütend, dass er drauf und dran war, ihm den Kopf abzubeißen.

»Kraah-au-au!«, schimpfte der Rabe.

»Lass ihn los!«, sagte Muni. »Das ist Odin, der alte Anführer der Raben.«

»Was krächzt du denn da, du elendes Vogelbiest? Ständig dem Tod auf den Fersen!«

»Dass ich dem Tod folge, leugne ich nicht«, antwortete Odin dem Hund, der erstaunt feststellte, dass er den Raben verstand, als spräche er die gleiche Sprache. »Und gibt es einen besseren Meister, um uns die großen Wunder des Lebens zu lehren? Aber so finster ich auch aussehen mag, ich habe noch keinem Geschöpf das Leben genommen.«

Sein intaktes Auge leuchtete hell, während er den Hund musterte.

»Das Blutvergießen lasse ich andere erledigen«, fuhr er fort. »Wir Raben machen hinterher sauber. Wir zupfen das Fleisch von den toten Körpern. Ihr Wölfe seid die Fürsten des Waldes. Und wenn ihr uns etwas übrig lasst, nachdem ihr euch satt gefressen habt, genügt uns das. Wir verlangen nicht viel. Wer fliegen will, kann keinen dicken Bauch gebrauchen, das wirst du doch verstehen.«

»Jetzt erteile ich diesem schmutzigen Totengräber mal eine Lektion«, fauchte der Hund zornig.

»Kraah-ha, schmutzig? Ich bin sauberer als du!«, sagte Odin. »Ich habe dich beobachtet, weißt du! Du hast Angst zu baden! Ich bin vielleicht schwarz von der Schnabelspitze bis zu den Krallen, aber meine Kleidung ist die des Priesters. Du solltest mir mit mehr Respekt begegnen.«

»Pfff! Respekt? Für einen Dieb? Immer versteckt ihr euch in den Büschen, bereit, von unserer Beute ein Stück zu stehlen.«

»Kraah-ha, ein Dieb soll ich also auch noch sein? Hast du ihm nicht erklärt, Muni, wer euch zu den Damhirschrudeln führt, wenn ihr nichts mehr zu fressen habt? Wer hat dich denn, mein lieber Hund, zu deiner ersten Beute geführt? Erinnerst du dich an das Reh?«

»Er hat recht«, meinte Muni. »Du hast das noch nicht begriffen, aber die Raben sind unsere Augen am Himmel, unsere Verbündeten ...«

Überrascht sah der Hund ihn an. So stellte Muni es also an, durch den Berg hindurchzusehen!

»Komm schon, lass ihn ziehen«, sagte Muni. »Was willst du denn mit diesem Haufen Haut und Federn? Die kannst du ja doch nicht hinunterwürgen.«

Nur weil Muni es befohlen hatte, verschonte der Hund den Schuft, den schwarzen Bettler mit der Stimme einer Ziege. Mit Wonne hätte er ihn zerlegt. Widerstrebend öffnete er die Kiefer und ließ Odin los, der schief und unge-

schickt das Weite suchte, um sich wieder seinem Raben-
trupp anzuschließen.

Die Wölfe machten gute Miene zum bösen Spiel und
kehrten zu dem Felsen zurück, auf dem sie wie riesige Eidechsen die goldenen Strahlen der Sonne tankten.

DIE VISION

Der Fisch war davongeflogen, der Hunger hingegen nicht. Sie hatten die einzige Beute verloren, die sie seit Langem erlegt hatten, und litten bitteren Hunger. Nacht um Nacht gab es nur Wolken, Wind und Hunger, der, wie er vorher ihren Mut gestärkt hatte, nun den Körper schwächte. Zweifel und Entmutigung quälten das Rudel. Sie schliefen jetzt länger, und es kostete sie mehr Kraft, sich zu erheben.

Sie liefen langsamer und mussten öfter haltmachen. Nun waren auch noch die Raben verschwunden, die ihnen sonst ständig folgten.

Eines Abends, als es für das Rudel Zeit wurde, sich wieder auf den Weg zu begeben, verkündete Alina, dass sie nicht mehr mitkommen würde.

Anah fügte hinzu, er würde mit Alina gehen. »Der Winter naht«, sagte er ein wenig verlegen. »Ich fürchte den Schnee nicht, aber welchen Sinn hat es denn jetzt, noch weiterzuziehen, um in der Eiswüste zu landen? Ich habe von einem großen Birkenwald im Osten gehört, in dem Menschen und viele Tiere leben. Vielleicht finden wir dort einen Ort, an dem wir bleiben können …«

»… und eine Höhle beziehen«, fügte Alina hinzu. »Wir waren lange gemeinsam auf Pilgerfahrt. Aber der Mondberg scheint ständig hinter dem nächsten Berg zu verschwinden. Mir scheint es, als würden wir nie dorthin gelangen.«

»Außerdem«, warf Anah ein, »wollen wir eine eigene Familie gründen. Unser Rudel.«

»Vielleicht machen wir uns im Frühjahr wieder auf den Weg«, schloss Alina.

»Im Frühjahr werdet ihr an andere Dinge zu denken haben«, entgegnete Muni leise. »Und es gibt nichts Wichtigeres als das.«

Der Hund war kein bisschen neidisch, dass Anah Alina erobert hatte oder sie ihn und dass die beiden nun zusammen fortgehen würden. Er freute sich, weil es sicher bald Welpen geben würde, die frei in den Wäldern aufwuchsen.

Alina und Anah beugten das Haupt, bis sie mit der Schnauze Munis Pfoten berührten.

»Wer weiß, ob ich nicht eines Tages auf den Alten Weg zurückkehre«, meinte Alina.

»Wenn du deine Freude gehabt und deine Pflicht getan hast, wirst du den Alten Weg wiederfinden, falls du das willst. Er beginnt immer genau an dem Punkt, an dem du dich befindest.«

Muni strich mit der Nase über ihre Stirn. »Geht und lebt euer Leben.«

Es hatte zu schneien begonnen, als Alina und Anah Seite an Seite kehrtmachten und wie ein altes Ehepaar im Wirbel der Flocken verschwanden.

Mittlerweile war es so kalt geworden, dass Muni und der Hund nachts aneinandergeschmiegt schliefen, wenn sie einen Ort gefunden hatten, an dem sie vor den Unbilden der Witterung geschützt waren. Manchmal fragte der Hund sich, ob sie sich nicht etwas vormachten mit dieser Suche nach etwas, das es möglicherweise gar nicht gab.

Nach dem wochenlangen Marsch durch die endlose Ebene zeichneten sich am Horizont neue Berge ab. Eine

Bergkette tauchte hinter der anderen auf. Dahinter erhoben sich immer höhere Berge – wie eine Treppe, die in den Himmel führte und deren oberste Stufe in den Wolken verschwand.

In einer stürmischen Nacht sah der Hund im Halbschlaf plötzlich, wie die Wolkendecke aufriss. Dahinter kam wie in einer Vision das Schönste zum Vorschein, das er je gesehen hatte. Über der Ebene, über den Hügeln, über den Bergen, über den Wolken erhob sich, vollkommen reglos hinter den peitschenden Nebelfetzen, etwas, das Harmonie und Ewigkeit ausstrahlte. Sollte dies etwa der höchste Gipfel sein? Mit seinen fünf Spitzen schwebte der Berg am Himmel wie ein weißes Schloss, das im Mondlicht schimmerte.

Mit offenem Maul blieb der Hund wie angewurzelt stehen. Kein Zweifel, es konnte nichts anderes sein.

Er hob die Pfote, um Muni zu wecken, doch während der Gefährte allmählich erwachte, zogen die Wolken sich wieder zusammen.

»Aber natürlich hast du ihn gesehen«, flüsterte Muni. »Er ist da. Aber er wollte sich nur dir zeigen.«

»Warum?«

»Wie sollen wir schon wissen, warum?«

Sie hatten gemeinsam gewaltige Entfernungen zurückgelegt, um an dieses Ziel zu gelangen, aber jetzt, wo er einen Blick darauf erhascht hatte, schien es ihm noch unerreichbarer als sonst. »Er ist nicht Teil dieser Welt. Er ist zu hoch, schwebt förmlich am Himmel …«

Der alte Wolf nickte. »Und wenn er schon von hier unten so großartig wirkt, dann stell dir nur mal vor, wie die

Welt von dort oben aussieht. Vielleicht ist das wirklich so, als sähe man sie durch die Augen …«

Der Hund hörte das letzte Wort nicht. Er war sich auch nicht sicher, ob der Wolf es tatsächlich gesagt hatte oder ob er nur einen seltsamen Laut ausgestoßen hatte, der nach einem Niesen wie auch Seufzen klang.

DER ABSCHIED

Nun war der Hund mit Muni alleine. Er folgte dem alten Wolf voller Hingabe und setzte die Pfoten exakt in Munis Spur. Nichts bereitete ihm mehr Freude, als hinter dem Alten mit den nahezu gefühllosen Pfoten und den immer schlechter sehenden Augen herzutrotten. Es war schon merkwürdig, wie sehr der Hund ihn mochte. Für einen jungen Hund wie ihn wäre es vielleicht natürlicher gewesen, seine Tage in Gegenwart einer anziehenden Wölfin wie Alina zu verbringen. Ihm aber gefiel es, die schlichte Effizienz der Bewegungen des alten Wolfes zu verfolgen und seinem Blick nachzugehen, der alles aufnahm, was da war oder nicht da war.

Muni sprach immer weniger. Häufig zeigte er sich müde. Der Hund nahm jede Gelegenheit wahr, ihm dienstbar zu sein. Oft brachte er ihm heilsame bittere Kräuter, die er mit süßen mischte, die vielleicht weniger gesund waren, Muni aber sehr schmeckten. Einmal gelang es ihm gar, ihm Hirschfleisch zu bringen.

Als er noch in der Stadt lebte, war der Hund stolz auf seine Jugend gewesen. Nun aber erkannte er die Schönheit des Alters und der Alten. Oder die der Bäume, die nach Jahrhunderten, die ihre glatte Rinde zerfurchten, so viel faszinierender waren als in der Blüte ihrer Jugend.

Eines Morgens machten sich auch die Raben, die ihnen bislang treu gefolgt waren, davon. Sie hoben sich in die Lüfte und schlugen die Richtung ein, aus der sie gekommen waren. Wie kleine schwarze Punkte verschwanden sie in der Ferne.

»Das wurde aber auch Zeit!«, murrte der Hund.

Hin und wieder aber sahen sie einen einzelnen schwarzen Punkt, der ihnen immer noch folgte. Dieser einsame Rabe begnügte sich mit der Nahrung, die ihre Exkremente ihm boten.

»Ich würde schwören, dass das Odin ist.«

»Seid ihr denn Freunde, ihr beide?«, wollte der Hund wissen.

»Das könnte man wohl sagen. Odin folgt mir seit jeher. Und vor mir ist er meiner Mutter gefolgt und hat ihr Nachrichten gebracht, und davor meiner Großmutter, ja selbst der Großmutter meiner Großmutter.«

»Wie ist das möglich?«

»Diese ›Vogelbiester‹, wie du sie nennst, leben zehnmal so lange wie ein Wolf.«

Munis Gesundheit hatte sich rapide verschlechtert. Eines Abends, als der Hund wie immer kurz vor Sonnenuntergang erwachte, sah er, dass Muni immer noch dalag. Sein Fell war von einer dünnen Schneeschicht bedeckt. Irgendetwas stimmte nicht. Es war noch nie vorgekommen, dass Muni sich nicht rechtzeitig erhob, um die untergehende Sonne zu verabschieden.

Der Hund ließ ihn schlafen und wartete geduldig an seiner Seite, um ihn vor dem beißenden Wind zu schützen. Als er endlich ein Auge öffnete, wandte der Hund sich ihm besorgt zu: »Muni, brauchst du etwas?«

»Brauchen?«, sagte Muni mit einem feinen Lächeln. »Was soll ich denn noch brauchen?!«

Er war wie immer ganz bei sich selbst und schloss die Augen.

»Mir kommt es vor, als ginge es dir nicht so gut«, hakte der Hund nach. »Ich habe es noch nie erlebt, dass du abends nicht aufgestanden bist, um den Sonnenuntergang zu betrachten …«

»Meine Pfoten sind schwer geworden. Ich habe das Gefühl, dass die Erde mich bei sich haben will, als wolle sie mich nie mehr loslassen.«

»Außerdem hast du schon lange den Gesang nicht mehr angestimmt.«

»So viel Kraft hat mein Atem nicht mehr.«

Eine tiefe Stille breitete sich aus.

»Lieber Bruder, Gefährte auf dem Alten Weg«, brachte Muni schließlich mühsam hervor. »Ich muss dir etwas sagen. In drei Tagen werde ich fort sein.«

»Fort, Muni? Wohin denn?«, fragte der Hund. »Wo willst du denn hin? Wir wollten doch gemeinsam zum Mondberg.«

Muni schüttelte sachte seinen grauen Kopf. Plötzlich verstand der Hund, und große, stumme Tränen stahlen sich aus seinen Augen.

Drei Tage lang blieb er bei dem Wolf, der auf der Erde lag und sich nicht mehr bewegte. Ab und an suchte der Hund einen eisigen Bach auf, füllte sich die Schnauze mit Wasser und brachte es Muni, um ihm die trockenen Lefzen zu befeuchten. Etwas anderes wollte Muni nicht mehr.

»Die Dinge kommen nie so, wie wir uns das vorstellen«, sagte Muni. »Als ich schon viel von der Welt gesehen hatte außer dem Mondberg, von dem man mir so oft erzählt hatte, machte ich mich auf, um ihn zu suchen. Eines Tages traf ich auf eine einsame Wölfin, die mich für einen Pilger hielt, der den Alten Weg kannte. Sie schloss sich mir an. Gemeinsam haben wir dann Kalu getroffen, den Mutigen, und danach Anah. Schließlich sind wir auf dich gestoßen. Das hat uns ein wenig überrascht. Was tat denn ein unbedarfter Hund allein mitten im Wald? Glücklicherweise waren wir auf Pilgerfahrt. Ein normales Wolfsrudel hätte dich in Stücke gerissen. Vom ersten Moment an habe ich aber gespürt, dass an dir etwas Besonderes war … Du hast mehr Liebe in dir als jeder Wolf, den ich je getroffen habe. Du hast deinen Herrn immer bedingungslos geliebt. Du weißt, was Hingabe ist. Du hast ein sanftes Gemüt, bist freundlich und treu und lässt dich nicht von deinen Vorhaben abbringen. Wer aber mit solcher Reinheit einen Herrn lieben kann, der dies nicht verdient hat, wird früher oder später das lieben, was auf der Welt am meisten der Liebe würdig ist. Und mit so viel Liebe im Herzen würdest du ihn eines Tages finden.«

»Wen?«, fragte der Hund.

Muni lächelte. »Du stehst nun am Fuße des Berges. Du hast fest geglaubt, dass ich dich hierherbringen würde. Für dich war die Reise mühseliger als für die anderen. Du hattest deine Zweifel, trotzdem bist du geblieben. Ich habe dich nicht gesucht und du mich nicht. Wir sind uns begegnet. Als ich deine Geschichte hörte und erkannte, mit welcher Einfachheit du dir ein so unendlich weites und hohes Ziel gesteckt hast, wusste ich auf der Stelle, dass ich dir helfen musste. Jetzt bist du fast da. Los, geh!«

»Aber Muni, wie soll ich ohne dich gehen?«, fragte der Hund. »Als ich dich kennengelernt habe, war ich nur ein dummer Hund. Durch dich ist das alles gekommen.« Seine Augen leuchteten voll tiefer Dankbarkeit. »Ohne dich wäre ich jetzt tot. Du warst mein Führer.«

Der Wolf schüttelte den Kopf.

»Ich bin nur ein Pilgergefährte, den du auf dem Alten Weg getroffen hast«, sagte Muni. »Erinnerst du dich an den Wasserfall, den Blitz, den Riesen, das Reh …? Du hattest viele Führer. Unter ihnen befand sich vielleicht auch ein alter Wolf.«

Der Hund war tief gerührt von diesen Worten. »Aber wie kann ein Hund dorthin gelangen, wohin selbst der stärkste, schnellste und intelligenteste Wolf nicht kommt? Gib mir doch wenigstens noch diesen letzten Rat.«

»Frag dich nicht, wie das gehen soll. Kein Wolf würde das tun. Es gibt kein Geschöpf, das da oben überleben kann. Dort wachsen nicht einmal Bäume oder Gräser. Dort oben ist nichts außer Stein, Eis und Tod. Wenn du zum Mondberg willst, darfst du nur eines denken: ›Ich gehe dorthin!‹ Und dann gehst du. Du gehst, bis du nicht mehr kannst … und dann weiter.«

»Aber …« Der Hund spürte, wie eine tiefe Traurigkeit sein Herz ergriff. Er wollte Muni nicht zurücklassen. Daher versuchte er ein letztes Mal, ihn zu überzeugen. »Du und ich haben ein so großes Stück des Weges gemeinsam zurückgelegt. Willst du denn nicht auch zum Gipfel hinauf?«

Muni seufzte. »Das war das Ziel, das ich mehr ersehnt habe als alles andere. Für diese Reise ist jeder von uns geboren. Doch nun ist mein Körper zu alt. Ich schaffe es nicht mehr dort hinauf. Aber wenn ich meinen Körper verlassen habe, werde ich hinkommen!«

DER MONDBERG

Zu Beginn seiner Pilgerfahrt war es Sommer gewesen, der den Geschöpfen seine Früchte schenkt. Dann war der Herbst gekommen, und die Früchte waren vom Baum gefallen. Die Beeren waren im Dickicht der Brombeersträucher vertrocknet, die Nächte länger und die Tage kürzer geworden. Schließlich wehte vom Norden her der Geruch nach Schnee. Die Herden waren in die Täler abgestiegen, allein oder zu zweit waren sie gegangen.

Die Spitzen der Berge waren weiß geworden. Nicht einmal mehr die starken und geduldigen Bäume trauten sich, dort oben zu leben. Selbst das Gras, das die Höhenzüge bedeckte, wurde gelb und zog sich in seine Wurzeln zurück, versteckte sich unter dem Mantel der Erde. Und das Wasser, das sonst fröhlich in den Bächen plätscherte, war in Grabesstille erstarrt.

Die Reise hatte zu lange gedauert, und nun war es spät geworden.

Der Hund schenkte dem von Eiskristallen bedeckten Körper Munis einen letzten Blick. Dann wandte er sich dem Berg zu. Angesichts der Abhänge, die bis in die Wolken aufstiegen, schien das Ziel unerreichbar zu sein. Es war ein irrsinniges Unterfangen. Aber er hatte sich selbst ein Versprechen gegeben.

Kaum hatte er Muni den Rücken zugekehrt, brach der Schneesturm los. Es gibt Unwetter, die sich mit Donner und Windböen ankündigen. Dieses begann ganz sachte mit einem leichten Schneegestöber. Im Laufe der Pilgerfahrt waren seine Pfotenballen hart geworden. Sein Körper war magerer und sein Fell dichter als je zuvor. Nun verstand er die Botschaften der Vögel. Er hatte gelernt, die Nacht zu lieben. Und der Hunger hatte ihn in der Kunst der Jagd unterwiesen. Aber was nützte ihm all das hier auf diesem Berg, auf dem es kein Leben gab?

Je weiter der Hund nach oben stieg, desto dichter wurde der Schnee, desto wütender peitschte der Wind. Der Schnee ließ sich nicht sanft in dicken Flocken auf seinem Fell nieder, er griff ihn von vorne an und stach ihm in die Schnauze wie ein Schwarm wütender Bienen. Der Hund hatte gewusst, dass das Wetter umschlagen konnte, aber einen solchen Sturm hatte er nicht erwartet. Es gab keinen Baum, unter dem er sich hätte verstecken können, also suchte er Schutz zwischen den Felsen und wartete, dass der Sturm aufhörte. Doch der tobte immer schlimmer. Die Felsen vermochten ihn nicht zu schützen. Er entschied deshalb, lieber weiterzuziehen. Die Bewegung würde ihn aufwärmen. Er schloss die Augen und tat mit seinen vereisten Pfoten einen Schritt nach dem anderen.

Als er unter den geschlossenen Lidern hervorblinzelte, sah er eine schwarze Linie, die auf ihn zukam. »Ein Wildbach«, dachte er. »Da komme ich nicht drüber. Der fegt mich weg.«

Ängstlich blieb er am Ufer stehen. Dann tat er das Einzige, was ihm in seiner Lage noch übrig blieb.

Er sprang … und fand sich plötzlich am anderen Ufer wieder. Er drehte sich nicht einmal um, um zu sehen, ob er sich vielleicht von einer Eisscholle abgestoßen hatte, sondern er marschierte weiter durch den Sturm.

Seine Gedanken vermengten sich mit der Luft und gaukelten ihm Formen im Nebel vor, die eine Sekunde später wieder verschwunden waren. Eiswände stiegen vor ihm auf. Er rutschte ab, stand wieder auf, fiel erneut hin. Schnee und Eis füllten seine Schnauze. Er hatte das Gefühl, ersticken zu müssen, wenn das nicht aufhörte.

»Sind dies die glänzenden Brocken, die schmelzen, wenn man sie in den Mund steckt?«, fragte er sich laut.

Plötzlich stieg das Terrain nicht mehr an.

Er war angekommen.

Er war auf dem Gipfel des Mondberges.

Der Hund blieb stehen. Er wartete darauf, dass irgendetwas passierte. Er riss die Augen auf und sah sich um. Hier gab es nichts. Nichts außer Weiß. Ein endloses Weiß. Weder Tag noch Nacht. Keine Form, kein Geruch, kein Geräusch. Ein endloses Nichts. Selbst der Wind hatte sich gelegt. Schnee und Wolken, Erde und Himmel, alles war eins, alles war weiß. Der Hund hatte sich diesen Ort als die Quelle des Lebens und aller Dinge ausgemalt. Doch einen leereren und verlasseneren Ort gab es auf der ganzen Welt nicht.

»Da bin ich diesen unendlich langen Weg gekommen – für nichts?«, fragte er sich. »Ich bin wirklich ein dummer Hund!«

Seine Pfoten gaben nach, und er ließ sich auf das weiße Bett fallen. Nach einer Weile hob sich der Nebel, und der Hund erblickte ein Auge, ein großes, rundes Auge, das ihn ansah.

»Wer ist da?«

Er erinnerte sich an den Beginn und das Ende jedes Tages.

»Ist das die Sonne? Aber sie ist so bleich? So tödlich bleich. Und sie gibt keinerlei Wärme. Ist dies etwa das Reich der Toten? Bin ich schon tot?«

Schließlich überließ der Hund sich der Stille, der Leere, dem Nichts.

Und er fiel in einen tiefen Schlaf …

Die Zeit verging.

Plötzlich war da etwas, das nicht das Nichts war. Schwach, nur ganz schwach. Es kam von weit her. Aber es war nicht das Nichts.

Eine Erinnerung flackerte auf. Das Haus. Der Herr, der ihn an den Ohren kraulte … Oder die Mutter, die er nie kennengelernt zu haben glaubte und die ihm jetzt den Schnee aus dem Fell leckte … Nein, seine Mutter war das auch nicht … liebevolle Finger, die über seinen Pelz strichen. Strahlen der Liebe und des Lebens.

Der Hund drehte sich um. Von der anderen Seite des Himmels sah ihn durch den Nebel ein zweites Auge an. Wie das erste, aber es war anders. Goldgelb.

»Die Sonne! Dann ist das andere der Mond, der untergeht. Und ich lebe noch. Oh, wie grenzenlos ist doch die Fülle der Natur! Auf dem Gipfel des Mondberges leuchtet die Sonne!«

Weiter unten tobte der Sturm wie zuvor. Hier aber herrschte vollkommene Ruhe. Der Hund ließ sich von den hellen Strahlen wärmen und zurück ins Leben locken.

Unter Aufbietung aller Kräfte schaffte er es, sich aufzurichten. Er befand sich auf einem weißen Gipfel, der über einem Meer von Wolken schwebte.

In diesem Augenblick kam ihm die Erkenntnis:

Es existierte also doch.

»Eines Morgens bin ich losgegangen, allein, nackt und verlassen. Ein Wolf hat mir eine Rehkeule geschenkt und mir gesagt: ›Danach wirst du auf Pilgerfahrt zum Mondberg gehen. Dort kannst du herausfinden, ob es dieses Wesen gibt oder nicht.‹ Ich bin losgezogen, und schon nach einem Tag war der Proviant aufgebraucht. Erst da nahm die Pilgerfahrt ihren Anfang. Der Weg war lang, viel länger, als ich gedacht hatte. Und doch ist es am Ende genau so gekommen, wie der Wolf mit den goldgelben Augen gesagt hatte. Ich habe es geschafft.

Ich bin angekommen! Wie?! Weil ich jeden Tag bekommen habe, was ich brauchte. Ich bin auf unzählige Flüsse gestoßen, die mir zu trinken gaben. Und auf allerlei Dinge, die ich als Nahrung verzehren konnte. Ich habe auf bequemen Lagern aus Moos und Blättern ebenso geruht wie auf dem harten Bett der Steine. Ich habe nicht darum gebeten, aber die Glühwürmchen haben mir geleuchtet und die Bäume mir Schatten gespendet. Ich habe wunderschöne Orte gesehen, den Duft der Blumen genossen. Ich bin zahllosen Geschöpfen begegnet und habe ihren Gesang gehört. Wie durch Zauber habe ich jeden Tag unzählige Geschenke erhalten. Woher? Von wem?«

Er wusste nicht, wie er es nennen sollte. Aber er wusste, dass es da etwas gab. »Es ist das Unaussprechliche, das sich um jedes lebende Wesen kümmert, das wie ich jeden Morgen ohne irgendetwas erwacht und vollkommen abhängig ist von …«

So viel Vertrauen hatte er noch nie empfunden. Nun war er so weit.

Als ihm dies aufging, merkte er auch, dass er zu weit gegangen war. Die Kälte, der Aufstieg und der Hunger hatten seinem Körper alles abverlangt. Er hatte seit Tagen
nichts mehr gefressen und konnte sich kaum noch auf den
Beinen halten. Ihm war klar, dass er nun keinen Schritt
mehr tun konnte.

»Ich habe nicht mehr die Kraft zum Abstieg«, dachte er.
»Alles ist in Ordnung, außer dass ich jetzt sterben muss.«

Plopp!

Ein schwarzer Fleck stürzte vom Himmel auf das ma-
kellose Weiß. Er zappelte ein wenig, stand auf und schüttelte das Gefieder. Es war Odin, der Anführer der Raben!

»Was machst du denn hier?«

»Dasselbe wollte ich dich fragen«, antwortete der Rabe.
»Ich bin alt geworden und habe diese lauten Vogelbiester
verlassen, um mich an einen ruhigeren Ort zu begeben.
Ich habe mich vom Sturm tragen lassen, der mich immer
tiefer hat fallen lassen, bis ich auf diesem einsamen Gipfel
gelandet bin. Und siehe da, du bist hier!«

»Das ist nun wirklich merkwürdig«, sagte der Hund.

»Aber es ist ein gutes Zeichen. Daher muss ich dich um
einen Gefallen bitten.«

»Aber sicher doch, lieber Odin. Auch wenn ich am Ende
meiner Kräfte bin, werde ich für dich tun, was ich kann …«

»Mein Leben lang habe ich andere Tiere gefressen«, erzählte der Rabe. »Ich habe massenhaft Kröten und Würmer vertilgt und Vogeleier ausgetrunken, Schlangen und
Heuschrecken gefressen. Ich habe aus den toten Leibern
großer und kleiner Tiere meinen Nutzen gezogen, ja – ich
schäme mich fast, es zu sagen – sogar den ein oder ande-

ren Wolfswelpen verzehrt. So viele Geschöpfe mussten sterben, nur damit ich leben konnte! Dieser Gedanke hat mich seit jeher gequält. Daher habe ich beschlossen, jetzt etwas zurückzugeben …«

»Kommt gar nicht infrage«, antwortete der Hund. »Ich will davon nichts hören.«

»Du willst also einem armen Raben seinen letzten Wunsch nicht erfüllen? Es tut mir leid, dass ich so zäh geworden bin und nicht mehr so zart wie einst. Aber ich bitte dich trotzdem darum: Lass mich in Frieden hier sitzen, während ich noch einmal diese wunderbare Aussicht genieße und sterbe. Dann bitte friss mich. Danach wirst du genug Kraft haben, um vom Mondberg wieder abzusteigen!«

Der alte Rabe und der Hund fingen an zu lachen.

Das war ein perfekter Plan, dem nichts hinzuzufügen war.

ÜBER DEN AUTOR

Folco Terzani ist Schriftsteller und Dokumentarfilmer. Er kam 1969 in New York zur Welt und ist in verschiedenen Ländern Asiens aufgewachsen. Seinen Abschluss in Philosophie und Literatur erwarb er an der Universität Cambridge, danach ging er auf die Filmhochschule der New York University. Ein Jahr lang arbeitete er in den Sterbehäusern von Mutter Teresa mit. In dieser Zeit entstand ein Dokumentarfilm über ihr Wirken: *Il primo amore di Madre Teresa*. In *Das Ende ist mein Anfang* veröffentlichte Folco die letzten Gespräche mit seinem Vater Tiziano Terzani. Das Buch wurde ein Bestseller. Folco schrieb auch das Drehbuch für die Verfilmung mit Bruno Ganz in der Hauptrolle. 2013 veröffentlichte er *A piedi nuda sulla terra*, die Biografie von Baba Cesare, einem Sadhu italienischer Abstammung, der in Indien ohne einen Pfennig Geld auf der Straße lebt. 2017 folgte *Ultra*, eine Biografie über Michele Graglia, der sich vom heißbegehrten Model zum Ultra-Marathonläufer entwickelt hat.

Nicola Magrin (geboren in Mailand 1978) machte seinen Abschluss an der Kunstakademie von Mailand. Er arbeitet als Illustrator für verschiedene Verlage. Sein Werk ziert die Bücher so wichtiger Autoren wie Primo Levi, Jack London, Tiziano Terzani und Paolo Cognetti. Dies ist seine erste Graphic Novel.